AF237900

PRECIP ECO PRO
Marmot
www.marmot.com

La ligereza arropada por la resistencia del tejido exterior en poliéster 100% reciclado es una de las principales prestaciones de esta prenda diseñada con criterio sostenible. Ligereza acompañada también por la impermeabilidad y transpiración de la membrana NanoPro™ fabricada con material reciclado, sin PFCs. Corte entallado para máxima movilidad. Dispone de: cremalleras con solapa protectora, grandes bolsillos compatibles con arnés, capucha con regulación periférica, aberturas PitZips en axilas y puños con velcro.
Peso: 407 g. **PVPR: 200 €.**
Distribuye: VERTICAL SPORTS S.L.

MOAB SPEED 2 GORE-TEX®
Merrell
www.merrell.com

Última innovación en calzado de senderismo de Merrell, que combinan la experiencia en trail de las botas de senderismo más vendidas, las Merrell Moab, con las más recientes innovaciones. Diseñadas para rutas con obstáculos y cantidades moderadas de tierra. Cambios ocasionales de velocidad, dirección e inclinación. Llevan membrana impermeable de GORE-TEX®, empeine de nailon ripstop y TPU, cuello acolchado, lengüeta de fuelle, tratamiento Cleansport NXT™, tecnología FlexPlate™ y entresuela de espuma FloatPro™ . Excepcional agarre gracias a la suela Vibram TC5+, diseñada exclusivamente para Merrell. Peso: 350 g (1/2 par). Cordones, refuerzos, forro de malla y plantilla todo reciclado. Drop: 10 mm. Tacos: 4 mm. **PVPR: 170 €.**
Distribuye: WOLVERINE WORLDWIDE.

NEOX® **Petzl** www.petzl.com

Asegurador con bloqueo asistido mediante leva, optimizado para la escalada de primero gracias a la rueda integrada en el aparato, que permite un deslizamiento fluido de la cuerda para dar cuerda más fácil y rápidamente al escalador. Simplicidad de instalación de la cuerda gracias a los marcados grabados en el asegurador. Gestualidad común a todos los aparatos de aseguramiento Petzl, basada en el acompañamiento de la cuerda en el aparato y la sujeción permanente con una mano en la cuerda de frenado. Bloqueo asistido mediante leva que ofrece una gran tolerancia de la posición de la mano. Prensión confortable y simplicidad de desbloqueo de la cuerda gracias a la empuñadura ergonómica. Todos los elementos plásticos, incluyendo la empuñadura, están diseñados con poliamida reciclada. Compatibilidad de la cuerda: cuerda simple de 8,5 a 11 mm. Certificaciones: CE EN 15151-1, UKCA, UIAA. Peso: 235 g. **PVPR: 131,08 €.**
Distribuye: PETZL ESPAÑA.

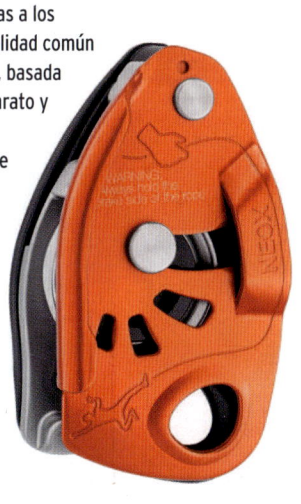

VETTA TECH GTX®
Garmont
https://es.garmont.com

Botas diseñadas para actividades como aproximaciones, crestas, terreno de alta montaña en salidas rápidas o vías ferratas. Perfectas para montañeros expertos o guías de alta montaña que quieran el mejor calzado técnico sin renunciar a la comodidad. Incorporan suela Michelin® Offroad, de gran agarre y estabilidad, y la impermeabilidad y transpirabilidad están garantizadas gracias a la membrana Gore-Tex® Extended Comfort. Protector de goma en la puntera y en el talón. Tecnología ADD (Anatomically Directed Design).
Tallas: Hombre 39,5-48.
Mujer: 35-42,5.
Peso: 540 g.
PVPR: 210 €.
Distribuye: VIPER SPORT.

MT WATKINS 2.0 HOODIE
Rock Experience www.rockexperience.it

Chaqueta ligera que garantiza una transpirabilidad igual a 15.000 g/m^2/24h y una impermeabilidad de 15.000 mm sostenida en el tiempo gracias a las tecnologías Storm Block y Water Resistance. Muy compactable, se guarda en su propio bolsillo en el pecho. Incorpora cremalleras impermeables, costuras selladas y puños elásticos. Grandes bolsillos compatibles con arnés o cinturón de la muchila. Capucha integrada, muy envolvente, con una pequeña visera protectora. Atractivo look bicolor, con estampados reflectantes. Tejido: Poly pongee Ripstop 100%PL 15K/15K.
Peso: 285 g. Tallas: hombre de S a XXXL, mujer de XS a XXL.
PVPR: 169,90 €.
Distribuye: VIPER SPORT.

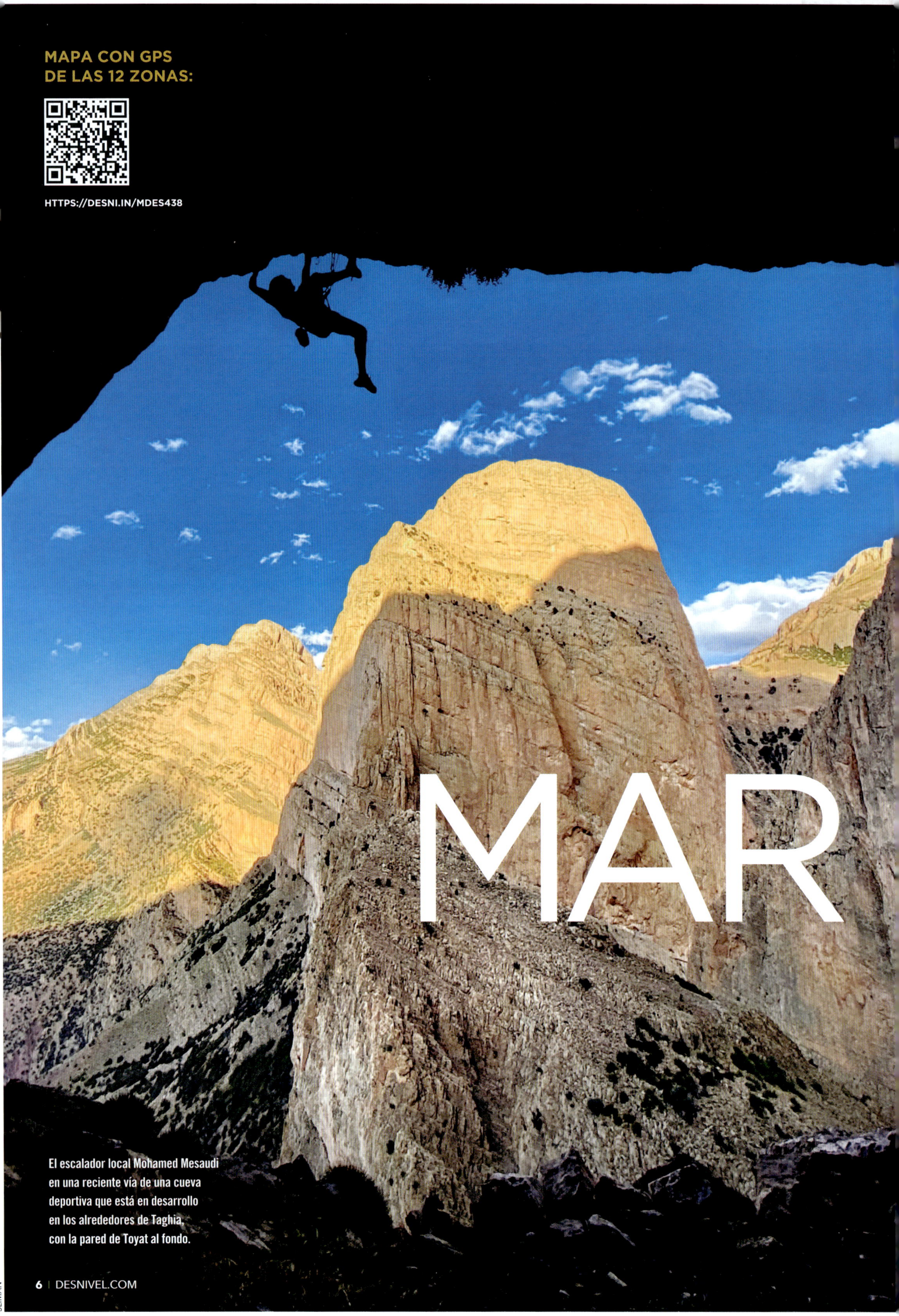

MAR

El escalador local Mohamed Mesaudi
en una reciente vía de una cueva
deportiva que está en desarrollo
en los alrededores de Taghia,
con la pared de Toyat al fondo.

SLIMAN

nuevos productos

RADICAL LIGHT
Grivel www.grivel.com

Minimalismo en esencia para esta mochila diseñada para la práctica del alpinismo o escalada cuando la ligereza es clave. Fabricada en Nylon 210D ligero y de alta resistencia. Sin tapa, cuenta con cierre mediante cinta y hebilla metálica y cuello sobredimensionado con 2 puntos de regulación. Dos prácticos bolsillos con cremalleras estancas y abertura lateral para acceder al alojamiento específico para la bolsa de hidratación, u otro material. Tirantes y cinturón ligeros y transpirables. 2 portapiolets y cinta pectoral amovibles. Peso: 525 g. Capacidad: 21 l.
PVPR: 98,90 €. *Distribuye: VERTICAL SPORTS S.L.*

TECNOLOGÍA OMNI-HEAT™ ARTIC
Columbia
www.singingrock.com

Desarrollada por el equio pde innovación de Columbia, esta nuva tecnología combina el estudio de la naturaleza con la colaboración de expertos en exploración espacial. Un enfoque pionero que utiliza una capa exterior traslúcida que permite la entrada del calor solar, mientras que una capa interior negra absorbe y almacena el calor, replicando la eficiencia térmica de los osos polares.

Esta tecnología estará disponible en chaquetas estilo polar y plumíferos para hombres y mujeres. **PVPR: 300 € (chaqueta de plumón Artic Crest).**
Distribuye: COLUMBIA SPORTWEAR.

VIDDA PRO LITE Fjällräven
www.fjallraven.com

Pantalones de trekking duraderos para aventuras en la montaña y el bosque. Confeccionado con tejido G-1000 duradero, resistente al viento y al agua, con capas dobles sobre la parte trasera y las rodillas. Cintura regular (cintura media) y ajuste regular con rodillas preformadas. Seis prácticos bolsillos, incluido un bolsillo para mapas y un bolsillo multiherramienta. Ajustes de tiras elásticas con botones a presión en los extremos de las piernas. Disponible en tres longitudes; corta, regular y larga; y en 8 colores.
PVPR: 199,95 €. *Distribuye: CAP AZUL.*

LEATHERMAN BOND® COLORS Y FUNDAS NYLON

14 usos, nuevos colores

Herramienta multiusos perfecta para quienes buscan simplicidad, funcionalidad y durabilidad.

Inspirada en la legendaria PST de Tim Leatherman, la herramienta Bond® te permitirá enfrentar cualquier desafío cotidiano con estilo y confianza. Con un diseño compacto y un agarre sorprendentemente cómodo, es tu aliada ideal para llevar a todas partes. Entre sus 14 usos están: dos alicates, cortadores de alambre y de cables, navaja 420HC, abrelatas, abrebotellas, lima, dos destornilladores y regla. Ahora en mangos bicolor en tonos verdes, terracotas y rosáceos. Funda incluida. Peso: 176,05 g. Longitud de la hoja: 7,11 cm. Herramienta cerrada: 10,16 cm.

También puedes comprar solo la funda para usar en cualquier multiherramienta de tamaño mediano. Ahora disponible en 3 nuevos colores: verde musgo, burdeos y terracota. Todos los detalles se han pensado para garantizar durabilidad, fiabilidad y comodidad. Cuenta con un remache metálico que se cierra con firmeza. Está confeccionada con un resistente nylon balístico y es elástica, con costuras reforzadas. Capacidad interna: 10,16 x 3,3 x 1,3 cm.
Distribuye: Leatherman España.

PVPR: 79 € (Bond) y 20 € (funda).
+ INFO: www. leatheraman.com

EDITORIAL

Buscando el equilibrio

Las contradicciones que vivimos en la sociedad actual también tienen su reflejo en la escalada. Igual que en cualquier otro ámbito, lo que para unos puede estar mal, para otros puede resultar beneficioso, o viceversa.

Un ejemplo nos lo trae Christian Ravier en el artículo sobre su escalada a la Catedral de Imsfane, donde abrió la primera vía de la pared hace unos años. Hasta entonces, la mala fama sobre la calidad de la roca hizo que ningún escalador osara ni siquiera a aventurarse por sus muros de conglomerado; algo que en realidad para él y su cordada fue beneficioso, puesto que se encontraron con una gran pared virgen que pudieron recorrer a su antojo, trazando su línea por una roca que no resultó tan mala como se lo habían pintado (claro que lo dice alguien que lleva muchos metros de aventura en su petate).

Otro ejemplo queda reflejado en el artículo de Taghia, donde hace menos de un año una pista por la que solo transitaban caminantes o animales se ha transformado en carretera asfaltada. Esto sin duda es muy bueno para sus habitantes, que disponen por fin de una vía rápida para salir o entrar del pueblo ante cualquier emergencia, y les facilita enormemente el transporte de las cargas. Pero podemos ver también el riesgo que puede acarrear el aumento de vehículos motorizados en un valle que mantenía su espíritu salvaje, asociado a la llegada de un turismo masivo y poco respetuoso con el entorno, como lamentablemente ya ha empezado a ocurrir (con pintadas en las rocas, gritos que rompen el silencio de los barrancos...).

Que la escalada esté en desarrollo en muchas zonas de Marruecos –como queda demostrado también en este número, donde recogemos algunos de los rincones que están actualmente en fase de equipamiento– aparentemente es beneficioso para todas las partes, especialmente para las comunidades locales, que pueden ver mejorada su economía gracias a la llegada de escaladores extranjeros. Siempre que acudamos con espíritu de colaboración, respeto y la mente abierta a otras realidades.

Casi nada es intrínsecamente bueno o malo; son nuestras acciones y percepciones las que colocan cada situación en un lado u otro de la balanza. Lo que importa es cómo elegimos mirar y vivir en este complejo pero a la vez sencillo mundo. // E.M.

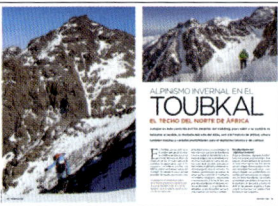
EDITA
Ediciones Desnivel S.L.
C/ San Victorino nº 8.
28025 Madrid.
Teléfono: 91 360 22 42.
ediciones@desnivel.com

REDACCIÓN
Director:
Darío Rodríguez
dario@desnivel.com

Redactora Jefe:
Eva Martos
evamartos@desnivel.com

Director de Arte:
Gregorio Arranz

Maquetación:
Luis Palomares

Colaboran en este número:
Christian Ravier, Xavi Sabater, Edu Recio, Jonathan Isbecque, Jeremy Jones, Tyler Lunsford, Mohamed Mesaudi, Saïd Belhaj, Steve Broadbent, Paco Sánchez, Iñaki Arriemendi, Xabi Ruiz .

DEPARTAMENTO DE PUBLICIDAD
Directora:
María Ángeles Trujillo
publicidad@desnivel.com
Tel: 91 360 22 60.

DESNIVEL.COM
Webmaster: José Yáñez
webmaster@desnivel.com

DISTRIBUCIÓN Y VENTAS
María José Santamaría
Tel: 91 360 22 84.
mariajose@desnivel.com

Pedidos particulares: Librería Desnivel
Tel: 91 369 42 90.

SUSCRIPCIONES
Tel: 91 429 22 51 (horario de 9 a 20.30 h).
suscripciones@desnivel.com
https://www.desnivel.com/suscripcion

CONTABILIDAD
Maite López. mayte@desnivel.com
Tel: 91 360 26 20.

Distribuye: SGEL. Tel: 91 657 69 00.
PVP Canarias: 0,15 € sobre precio portada.
Impresa en España/Printed in Spain.
Imprime NUEVA IMPRENTA en papel ecológico TCF (totalmente libre de cloro).

Depósito legal: M-8747-2013
ISSN: 0211-9765
ISBN: 978-84-9829-689-1

EN PORTADA: Arnaud Petit en *Au nom de la Réforme* (250 m, 6c), en la pared de Taoujdad, con el pueblo de Taghia al fondo. Foto: Stéphanie Bodet.

SÍGUENOS EN:
desnivel.com
 facebook.com/revistadesnivel
 twitter.com/desnivelados
  instagram.com/desnivel_revista

DESNIVEL.COM | 3

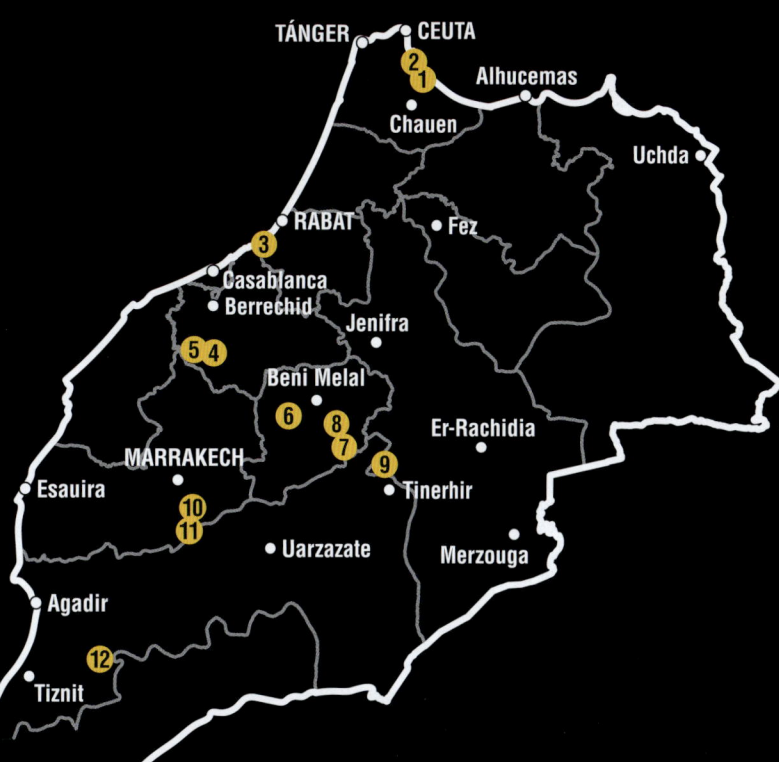

12 ZONAS DE ESCALADA DE

RUECOS

UN PAÍS PARA DESCUBRIR

Estas son solo algunas de las oportunidades que ofrece el país vecino para disfrutar de la escalada. Desde las muy conocidas gargantas de Todra o de Taghia, con una caliza de primera calidad, a las montañas del Atlas, las paredes del Rif o pequeños cañones en la zona central que se encuentran en pleno desarrollo. Todos ellos destinos en los que la aventura y la inmersión en otra cultura forma parte indisoluble de la experiencia del viaje. Y muchas más paredes aguardan aún a buscadores de líneas...

TAGHIA
EL EDÉN DE LA ESCALADA EN PARED

Varias generaciones de escaladores llevan confirmando la calidad de la roca que se yergue entre los cañones del Alto Atlas marroquí. Paredes (*Jebel*) como Oujdad, Tadrarate, Ifrig… surcadas por decenas de líneas que invitan al disfrute. Si vais con los ojos bien abiertos, este viaje os regalará más que "solo" escaladas de ensueño.

Xavi Sabater en una reciente repetición a la exigente *Gure ametsa* (500 m, 7c+), un sueño cumplido por Unai Mendia y Eneko César en la pared de Tadrarate en 2015.

En el icónico *Passage berbère,* construido por los pastores para el paso de los rebaños entre los barrancos, y hoy también utilizado por los escaladores para la aproximación a las paredes.

TAGHIA es un pequeño pueblo bereber, en la provincia de Azilal y situado a 1900 metros sobre el nivel del mar, en el corazón del Alto Atlas marroquí. Actualmente tiene unos 500 habitantes, y se encuentra rodeado de impresionantes cañones y paredes de roca calcárea que se alzan hasta los 800 metros, en general, de una más que excelente calidad. Lugar de peregrinaje de cientos de escaladores de todo el mundo que, año tras año, acuden a recorrer las increíbles vías que surcan las paredes de todo el valle.

Al llegar a Taghia lo primero que llama la atención son obviamente todas las grandes paredes y cañones que rodean el poblado, dejándote con la boca abierta...

¡que maravilla! Aunque hayas visto imágenes del lugar, la realidad supera cualquier expectativa. Lo segundo que resulta llamativo son las casas y construcciones, que se encuentran repartidas por el fondo del valle, y entre las que vemos alguna construcción que desentona con la sintonía del lugar, como un puente gigante de cemento que, según nos contaron los locales, lo construyó el gobierno y se usa más bien poco. En el pueblo cuentan con escuela propia y con dos pequeñas tiendas de alimentación básica. Una vez ate-

rrizas en el lugar y te paseas un poco, lo tercero que llama la atención, y seguramente lo que hará que te enamores del lugar aún por encima del paisaje y sus paredes, es su gente. Los locales viven principalmente del turismo y también de la agricultura y la ganadería, trabajando la tierra, cuidando del ganado y pastoreando en las montañas. Todo el mundo te regala una sonrisa, aunque solo te los cruces por la calle. Siempre encuentra a alguien dispuesto a explicarte algo de lugar, te abren las puertas de sus casas y te invitan a té de manera desinteresada. En general muchos de ellos hablan bien francés y algunos también castellano y, en cualquier caso, aunque no hablen nuestro mismo idioma, es fácil comunicarse.

J.M. VELÁZQUEZ-GAZTELU

Medio siglo de escaladas

Ya en 1988, en la revista *Desnivel* nº 35, se publicó un artículo sobre la zona de Taghia, realizado por Carlos Gallego, titulado «Los Dolomitas marroquíes», en los que ensalzaba la belleza de la zona y las inmensas posibilidades para la escalada de sus paredes. Igualmente en el libro *Les 100 plus belles courses de Maroc* de Bernard Domenech (una colección creada por Gaston Rébuffat), publicado en 1989, se recopilaban las vías existentes en paredes como Taoujdad o Oujdad, abiertas principalmente por escaladores franceses a mediados y finales de los años 70. Líneas que surcaban pilares y fisuras, en muchos casos recurriendo al artificial y en varios días, con pioneros como V. Bourges, P.

FOTOS: CHRISTIAN RAVIER

El valle de Zouîat Ahanesal es la puerta de entrada a las gargantas de Taghia, que podemos recorrer con arrieros hasta el pueblo y las paredes. A la izquierda, Saïd Mesaoudi quien, junto a su familia, acoge a escaladores desde hace más de 25 años.

Maury, R. Ciron, JM. Roche, E. Décamp, A. Durieux, A. Girod o J. Marcotti.

Ya en los años ochenta, con el camino hasta el cañón más definido y la fama del lugar extendiéndose, empezaron a llegar escaladores de otros países, principalmente polacos y españoles. Entre ellos estuvieron los murcianos hermanos Gallego, que a mediados de esa década abrieron la *Vía del Techo* en el Tagoujimt N'Tsouïant. También en esos años acudió el profeta del libre Jesús Gálvez quien, junto a Miguel

Izquierda, Toni Arbonés, asegurado por Alejandro Pellegrino, en su vía *Antropothene* (480 m, 8a), en la pared de Tadrarate, que abrió de 2008 a 2011 con distintos compañeros. Arriba, Jesús Ibarz la pasada primavera durante la apertura de *Respira...* (300 m, 6c+), en el Toujdate. Derecha, Mohamed Mesaoudi, local de Taghia (sobrino de Saïd), que lleva desde niño subiéndose por las paredes; a sus 28 años, es un apasionado escalador, gran conocedor del lugar, en el que regenta una alojamiento y ejerce de guía, además de estar implicado en su desarrollo.

Berraluce, dejan su huella con la vía *Estrella roja* en el Oujdad. Tanto en esa década como en la siguiente, todavía el foco de la escalada marroquí se situaba en el Todra, pero las miras se ampliaron sobre todo con la llegada de los franceses Rémi Thivel, Christian Ravier y compañeros, impactados tras su primer viaje, en 1994.

Las líneas comienzan a proliferar sobre todo a finales de los noventa y principios de los 2000. También por entonces es cuando Saïd Messaoudi y su familia abrieron un albergue en el pueblo, facilitando la llegada de los escaladores a las paredes; todavía hoy su alojamiento (*Gîte Taoujda-te*) es uno de los más frecuentados.

Entre los visitantes reincidentes está el catalán Toni Arbonés, quien deja dos destacadas aperturas: *Jamiro*, que realiza con Joan Espuny, S.Llorenç y Carles Brascó en la cara norte del Taujdad en 1996; y ya en el año 2000 vuelve para firmar esta vez la

exigente *Shucran*, en el Oujdad, una de las pioneras de Taghia con filosofía deportiva. Otra de sus vías destacadas es *Anthropocene*, en la pared de Tadrarate, una dura propuesta con dificultad de hasta 8a, que comenzó en 2008 Kurt Albert, Benoit Dorzat y David Ganzedo; terminó de equiparla en 2011 con Marcelo Juárez, dejando pendiente su encadenamiento completo, que completó finalmente en el día en septiembre 2011 con Alejandro Pellegrino 'Pipeta'. «El mundo cambia y yo no digo nada nuevo. Esta nueva era geológica que empieza justo ahora, la del ciclo del fin de la Tierra por los humanos: la "Anthro-pocene". Un nuevo concepto que también me hace reflexionar sobre por qué escalamos y cómo lo hacemos, sobre si es válido o bueno no

solo para nosotros. Escribo o no, taladro o no, hablo de Taghia o...», escribió Toni en el artículo en el que relató esta aventura (revista *Escalar* nº 78).

En esa primera década de los dos mil cada vez se van descubriendo más paredes y el ritmo de aperturas crece rápidamente, atraídos por la calidad de su roca. Otra de las visitas más prolíficas es la de los franceses Arnaud Petit, Michel Piola, Stéphanie Bodet y Benoit Robert, responsables de la apertura de dos sectores de bordillos hacia la Pared de la Cascada, y dejan vías muy valoradas como *Belle et berbère* y *Canyon Apache*, *L'Axe du Mal* o *Grand Carnaval*, entre otras. Por su parte, Ravier y compañeros siguen descubriendo nuevas posibilidades para la escalada

Nil Alcubilla durante la primera repetición de *La grande rouge* (500 m, 8b), que hizo el pasado abril con Xavi Sabater; comprometida vía del Tadrarate, abierta por Alex Huber y Fabi Buhl en 2017.

en los cañones y, hacia 2005, abren los primeros cinco itinerarios en las murallas del Djbel Tadline.

Las pistas se convierte en carreteras...

Pasan los años y se abren nuevos albergues, más sectores deportivos, las pistas se convierten en carreteras, llegan más visitantes de todas partes del mundo... En otro artículo publicado en la revista *Desnivel* nº 248 (marzo 2007), firmado por Christian Ravier, ya se habla de la llegada masiva de escaladores, que en cierto modo amenaza la vida tranquila de los habitantes del Atlas.

En ocasiones ocurre que la falta de información unificada hace que los buscadores de línea menos cuidadosos se meten a abrir vías que ya estaban recorridas previamente, cuyos aperturistas habían dejado poca o ninguna huella. La primera edición de la guía de escalada *Taghia y otras montañas bereberes*, del mismo Ravier, publicada en 2008, viene a solventar estas confusiones. Desde entonces han proliferado las chapas en los bordillos y

también en las paredes, pero sigue habiendo barrancos con paredes recónditas que ofrecen oportunidades para la aventura. Por ejemplo la que vivieron en 2009 unos jóvenes David Bautista y Daniel Crespo, cuando se adentraron en un cañón que aún estaba virgen para la escalada, con ansias de aventura. Durante dos días estuvieron trazando la primera línea de la pared de Jbel Bou Iourhlalene (que por entonces no sabían ni cómo se llamaba), perteneciente al macizo de Akk n'Tafrawt, en el que dejaron su *Aceite Bereber* (450 m, 7a+). «Vivir los momentos y disfrutarlos al máximo para sentirnos satisfechos y saciarnos con la euforia de la cima», escribió David sobre esa apertura, que sigue atesorando como valioso recuerdo junto a un amigo que se fue demasiado pronto.

Turismo: amenaza y forma de vida

En los últimos años, Taghia ha vivido un gran desarrollo tanto de la escalada como del turismo. No solo ha aumentado la cantidad de personas que vienen a escalar, también llegan a pasear, a realizar excursiones, a descender barrancos... Y no solo vienen extranjeros, también el turismo local ha aumentado. Según nos cuentan los locales, normalmente el turismo

ajeno al mundo de la montaña suele ser poco respetuoso con el entorno; manchan el silencio con sus gritos de "eco" y dejan a su paso grafitis en lugares como el Passage Berèber o Les Sources; una pena...

Esto corre el riesgo de aumentar, puesto que actualmente se puede realizar el acceso en vehículo hasta Taghia, algo que es muy novedoso. Durante años se ha trabajado en una pista que une Zaouiat y el pueblo de Taghia y hace menos de un año que se transita de manera asidua, si bien esta pista genera sentimientos encontrados incluso entre los mismos habitantes. Por un lado es evidente que el hecho de poder llegar en vehículo aumentará el turismo en la zona, lo que lleva consigo la posible masificación del lugar, como ocurre en algunos valles vecinos. Por otro lado para los habitantes es una ventaja poder transportar fácilmente las cargas a sus casas, así como tener una vía rápida de entrada y salida al pueblo para posibles emergencias médicas o de otro tipo. Así pues, es nuestra responsabilidad hacer un uso consciente de esta pista, conservando en lo posible el ambiente auténtico de Taghia y también recordando que somos un importante fuente de ingresos para los habitantes de la zona.

Xavi SABATER /
Redacción DESNIVEL

FOTOS: XABI RUIZ

AGUA PARA UN PUEBLO

EL PROYECTO SOLIDARIO DE *EGUZKIZ BLAI*

CUENTA el escalador vasco Iñaki Arakistain que ya había estado en Taghia otras veces, "simplemente escalando", pero la última vez que fue, justo después de la pandemia del covid, en abril de 2021 junto con Aitzol Ibarzabal, al parecer eran los únicos escaladores que habían ido esa temporada, lo que les permitió tener una conexión más profunda con los locales, especialmente con la familia de Saïd, con la que estuvieron conviviendo. A su vuelta se plantearon cómo podían hacer algo para ayudar a los habitantes de un lugar que tantas alegrías y hospitalidad les había brindado. El hijo de Saïd, Mohamed, les sugirió una idea para trasladar ese buen propósito a una necesidad real: años atrás el gobierno marroquí había proyectado una instalación de bombeo de agua en el pueblo, llegó a realizar dos depósitos y a colocar una bomba de gasoil, pero era un sistema tan caro que no era viable y nunca llegó a ponerse

en marcha. El agua no llegaba a todas las casas del pueblo.

Viendo las grandes posibilidades de aprovechamiento de la energía solar, recurso abundante y gratuito en Taghia, idearon montar una instalación fotovoltaica que permitiera poner en funcionamiento la bomba de agua, solucionando así el problema del abastecimiento para los habitantes.

Llegar a materializar esta idea supuso un proceso de dos años que necesitó de sinergias, altruismo y mucha inversión de tiempo y esfuerzo. En este camino fue fundamental la implicación del instituto de FP Tolosaldea LHII (en Tolosa, Gipuzkoa), del que Iñaki era profesor en esos momentos. Desde distintos departamentos —especialmente los profesores Mikel Arregi y Oihana Mendizabal, y también alumnos— participaron tanto en los aspectos técnicos del proyecto como en su difusión, poniendo en marcha un *crowdfunding* para recaudar fondos.

Gracias a una iniciativa que partió de un grupo de escaladores vascos, se puso en marcha un proyecto solidario para instalar paneles solares en Taghia (y poner en funcionamiento una bomba de agua), en el que se implicó una veintena de voluntarios, profesores y estudiantes del instituto FP Tolosaldea, así como escaladores de renombre, marcas y habitantes de Taghia.

También fue clave la colaboración del escalador Christian Ravier, quien a su vez atrajo a otros escaladores de renombre como Arnaud Petit, Sean Villanueva o Alex Honnold, que lograron los patrocinios necesarios para la financiación.

Una vez adquiridos los materiales, aún tuvieron que superar muchas vicisitudes y trabas aduaneras hasta que, por fin, la pasada primavera, un grupo de unas 20 personas llegó a Taghia y se puso manos a la obra. En el equipo estaban tanto Iñaki como Aitzol Ibarzabal (su compañero de cordada, también implicado desde el primer momento), alumnos y profesores del instituto de FP (alguno incluso acompañado de su familia, como Mikel Uribe, quien ayudó a poner la web en marcha) y amigos y compañeros de trabajo, contagiados de esa solidaridad que nos restaura la fe en la humanidad. «Fue muy bonito ver a tanta gente trabajando junta», recuerda Ravier, que también arrimó el hombro, junto a otros locales de Taghia.

Un par de semanas después, los paneles solares quedaron instalados y los depósitos conectados, consiguiendo así el objetivo de poner en funcionamiento la bomba de agua y que llegara este valioso elemento a las casas de lo alto del pueblo.

Pero, como siempre, después de llegar a una cumbre ya estamos buscando la siguiente montaña. El equipo, y en especial el instituto FP Tolosaldea, siguen ideando nuevas formas de colaborar con Taghia, como la instalación de una tubería de mayor tamaño, necesaria para optimizar el abastecimiento de agua.

Puedes colaborar y conocer más sobre el proyecto en su web:
- *https://taghiaeguzkizblai.eus*

ÁLEX GONZÁLEZ

TAGHIA
OASIS CALCÁREO

AS paredes de Taghia nos ofrecen una escalada de primera, con un paisaje de película. Su roca, conocida por su buena calidad y lo abrasiva que es, nos hará disfrutar y, al cabo de los días, también sufrir por lo pinchuda y afilada que puede ser en ocasiones. Encontraremos una gran variedad de itinerarios de todas las longitudes y dificultades, incluso algunos sectores deportivos como en la base del Oujdad, los sectores de Al Madrassa o el sector Amazza.

Advertir que, para las vías de pared, es más que recomendable venir con un grado mínimo asentado de 6b/6c

para poder disfrutar de algunos de sus itinerarios más clásicos. También es importante contar con experiencia y recursos en vía larga, ya que cualquier contratiempo se puede complicar. No hay que olvidar que no existe ningún grupo de rescate en Marruecos y cualquier problema o accidente se tendrá que solventar de manera autónoma o, si se tiene suerte, con la ayuda de otros escaladores que se encuentren por la zona.

Cómo llegar
El pueblo de Taghia está a unos 200 km al este de Marrakech, una de las cuatro ciudades imperiales de Marruecos. Para

Arnaud Guillaume y Christian Ravier en la primera ascensión de *Soyez Fort Mangez du Porc!* (150 m, 7a+), en 2002, en Imin Gayouyne (Akka n'Tazarate), una de las incontables paredes cercanas a Taghia. Arriba, Jaume Peiró en *Queer Action* (400 m, 7a), que abrió con Jaume Peiró en el Oujad, en 2022.

llegar desde España tenemos varias opciones:

En vehículo propio, cruzando el estrecho en ferry y conduciendo –ruta Meknes, Azrou, Benj Mellal, Azilal– siempre por carretera asfaltada, hasta Zaouiat Ahansal.

En avión es lo más común, pues resulta fácil encontrar billetes a precios económicos desde ciudades como Madrid o Barcelona hasta Marrackech. Desde aquí a Zaouiat Ahansal hay unas 5 horas en vehículo (250 km). Se puede ir en autobús, si bien seguramente tardaremos más de un día y tendremos que combinar dos autobuses, primero hasta Azilal y después hasta Zaouiat Ahansal (solo hay un autobús al día que realiza este segundo trayecto); aunque es la opción más económica, difícilmente nos saldrá a cuenta si vamos con los días justos.

La alternativa más habitual es hacer Marrakech-Zaouiat Ahansal en taxi. Normalmente la misma Gite que hayas reservado en Taghia te gestionará este traslado. El precio medio de este trayecto es de unos 240 € ida y vuelta.

En Zaouiat Ahansal finaliza el asfalto y empieza una pista que te lleva en unos 30 minutos hasta Taghia, si bien solo es transitable en 4x4. Hay que remarcar que en Taghia no existe un aparcamiento como tal, y no es muy recomendable llegar en vehículo propio hasta aquí. Lo más conveniente es dejar nuestro vehículo en Zaouiat y a partir de aquí podemos ir bien caminando (unas 2 horas), bien utilizando un servicio de taxi (coste de entre 40 € y 60 € ida y vuelta). También está la opción de ir con un servicio de arrieros y mulas (unos 10 € por trayecto), bastante recomendable.

Mejor época
Las paredes de Taghia ofrecen una gran variedad de orientaciones con las que poder jugar, dependiendo de la temperatura que encontremos. Con todo, lo más recomendable es el otoño (de septiembre a noviembre) y la primavera (de marzo a junio). Cabe remarcar que en los meses de otoño las horas de luz van acortando y habrá que ir rápido para poder realizar algunas actividades, aunque siempre tendremos la opción de hacer vías más cortas o con aproximaciones y descensos cortos.

Taghia está situado a 1900 m de altitud y muchas de sus cimas llegan fácilmente entre los 2500 m y los 2900 m, haciendo que los inviernos sean muy fríos y a menudo con nieve. Igualmente en verano los calores típicos del norte de África dificultarán la escalada.

Material y equipamiento
El equipamiento que encontraremos es variado. En general

en las aperturas realizadas a partir del año 2000 lo más común es encontrar parabolt de 10 mm, en alguna vía encontraremos parabolt de 12 mm y raramente encontraremos algún parabolt de 8 mm. En las vías más antiguas podemos encontrar espits y clavos.

Muchas de las vías están completamente equipadas y solo será necesario llevar un juego de cintas + reunión. Para otras vías habrá que llevar un juego o dos de friends y muy raramente hará falta algún clavo. Es responsabilidad de cada uno informarse bien del estado y equipamento de cada vía. Aunque la vía esté equipada, llevarse un pequeño juego de friends "por si acaso" nos puede salvar de algún apuro. También es buena idea llevar cordinos variados y maillons, para reforzar o reemplazar algunos rápeles (recordad que si se sustituye un cordino nos tenemos que llevar el cordino viejo, de esta manera mantenemos las instalaciones limpias y evitamos confusiones). Es posible que también en algunas ocasiones agradezcáis llevar alguna chapa de 10 mm con tuerca pues, aunque no es habitual, puede suceder que falte el primer seguro de algunas vías.

Alojamiento
Actualmente existen aproximadamente una decena *gites* (casas rurales) en las que poder alojarse en el pueblo. También existe un pequeño camping cerca de Les Sources y la pequeña casa de Ahmed cerca de Tadrarate (Refugio Tadrarate).

Nosotros estuvimos en la Gite Taoujdate, de Saïd Mesaoudi (@climbingtaghia, www.climbingtaghia.com), una de las más populares y donde te harán sentir como en casa, con cenas y desayunos riquísimos y abundantes.

También es recomendable la de Mohamed Mesaoudi quien,

20m
6b
50m
7c
35m
7b+
35m
6c+
35m
7c
30m
7a+
30m
7c
35m
7a

IKER POU

BIOTZ HANDI. Oujad (SO)

IV **55m**
25m IV+
50m
6a **20m**
V+
45m
6b+
40m 6a
55m
6b+
35m
6b
35m
7a
40m
V

COUPLE CLIMBERS

QUEER ACTION. Oujad (SE)

V+ **50m**
V
45m
6a+
35m
6a+
40m
6b
30m
6b
45m
6c+

EDU RECIO

RESPIRA. Taujdate (O)

den sacar de un apuro en un momento dado; ofrecen snacks, latas de conservas, verduras, bebidas y cosas variadas tipo bazar (bolis, libretas, cepillo de dientes, pasta de dientes, etc). También venden tarjeta SIM pre-pago para móviles. Los lunes hay mercado en Zaouiat Ahansal.

Agua
Lo más recomendable es beber solamente agua embotellada, que puedes comprar en las *gites* o en las tiendas del pueblo. Si no te queda más remedio que coger agua de los ríos, procura al menos potabilizarla con algún sistema fiable.

Otras recomendaciones
• **Atención a la caída de piedras**, que muchas veces están provocadas por las cabras que suben por las repisas y por las cimas. Casco imprescindible.
• **Cuidado con los barrancos** (*akka*), en caso de tormenta el caudal sube de forma alarmantemente rápida. Nunca estéis cerca de uno si la predicción es de lluvias.

• **En general los perros** no son amigables.

Más información
• La guía de referencia es la de Christian Ravier y Ihintza Elsenaar: *Taghia et autres montagnes berbères*, última edición de 2019. En sus 420 páginas reúne prácticamente todas las vías de Taghia, y tiene además información de otras paredes.
Se puede adquirir en la misma web de Christian Ravier, donde encontrarás más infor-

mación sobre la zona y sus servicios como guía con viajes de escalada y otras actividades: http://christian-ravier.com.
También a la venta en www.libreriadesnivel.com, así como en otros puntos de venta especializados.
• En el blog de Remi Thivel también hay bastantes reseñas: www.remi-thivel.com

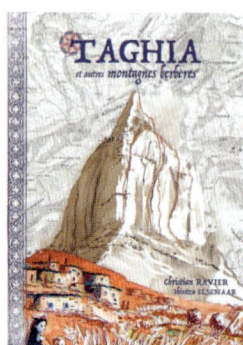

además de alojamiento, comidas y organizarte la logística, ofrece guiaje de trekking y de escalada (contacto: +21 261 961 8357 y climbertaghia3@ yahoo.com).
En general la media pensión en estas *gites* suele costar en-

tre 15 y 20 € (cenar, dormir y desayuno).

Compras
Para compras grandes lo mejor es hacerlas en Marrakech o Azilal. En Taghia hay dos pequeñas tiendas que nos pue-

IKER POU

VICENT SERGER

Arriba, Iñaki Marco durante la apertura de *Biotz Handi*, una de las más recientes de Taghia. Derecha, Christian Ravier en *Trois Ânes et Un Coup Fin* (200 m, 6b), en Jbel Tadline.

• En algunas de las *gites* de Taghia (como las dos mencionadas) encontraremos libros de piadas y reseñas.

• Las vías más antiguas aparecen en el libro: *Les 100 plus belles courses de Maroc*, de Bernard Domenech. Ed. Denoël, 1989.

• Artículos en revistas *Desnivel* nº 248 y *Escalar* nº 78.

ALGUNAS DE LAS ÚLTIMAS LÍNEAS

Desde la última edición de la guía de Ravier han seguido naciendo nuevas vías en las paredes de Taghia, que aún guardan potencial. Reseñamos aquí las aperturas de los escaladores españoles de estos últimos años.

• *Honey moon* (330 m, 7b+), cara suroeste del Oujad. Abierta por Neus Colom e Iker Pou, en cuatro días de mayo de 2019. Descenso en rápel. Croquis y más información en: https://desni.in/ 6hb3v

• *Queer action* (400 m, 7a o 6b+ obl), cara sureste del Oujad. Abierta por Álex González y Jaume Peiró del 22 al 23 de abril de 2022. Inicio de la vía al pie de un árbol característico. Reuniones equipadas. La vía tiene 400 m de recorrido + 100 m de trepada final (IIIº). Material: 12 cintas, 2 juegos de friends (de 0.2 al 4).

• *Respira* (300 m, 6c+), pared oeste del Taujdate. Por Jesús Ibarz y Edu Recio el 4 de diciembre de 2023. La vía está equipada, excepto algunas fisuras y los dos últimos largos. Magnífica línea que combina diedros y fisuras con palcas (atención roca mala en el L3). Material: cintas y Totems de amarillo a naranja.

• *Biotz Handi* (320 m, 7c), pared suroeste del Oujad. Abierta por Iker Pou e Iñaki Marco el 1 de abril de 2024. Dedicada a Carlos Doval. Los cuatro primeros largos los abrió Iker en solitario. Se encuentra entre las vías *Yoga connection* y *Shucran*. Material: 12 cintas exprés, un juego de friends del 0.2 al 3.

RECOMENDACIÓN DE VÍAS

Antes de cualquier recomendación, insistir en que Taghia no es un lugar para iniciarse en la escalada en pared, como se ha explicado anteriormente. Cualquier vía "clásica" nos exigirá dominar las maniobras de escalada en pared y ser autosuficientes. Dicho esto, algunas de las vías más recomendables son:

• Las más clásicas: *Groupe Montagne Epinal* (6c+), *Belle et berebere* (6b+), *Le rêve d'Aicha* (6a+), *Canyon Apache* (6c+), *Au nom de la Reforme* (6c) y *Classe montagne epinal* (6c).

• Más exigentes: *Les rivieres pourpres* (7c), *L'Axe du Mal* (7c), *Fantasía* (7c), *Baraka* (7b) y *Barrakuda* (7c+ 700m)

• Para machacas: Las vías de más dificultad se concentran

OTRAS PAREDES (JBEL) CERCANAS

El camino hacia Taghia cruza cañones y barrancos con paredes que no han pasado desapercibidas para los escaladores. Además de la emergente Catedral de Imsfrane (o Amesfrane), a la que dedicamos un artículo completo por su gran potencial, hay otras paredes en los alrededores de Zaouiat Ahansal en las que se llevan abriendo vías desde hace años, si bien nunca con mucha asiduidad. Aquí se incluye el macizo de Aroudane, que ya aparecía en el libro de *Las 100 mejores vías de Marruecos*, posteriormente quedó en el olvido y luego ha sido revisitado para la escalada. También en el entorno de la aldea Tamdarote, y especialmente en las paredes del cañón de Akka n'Tazarte, encontraremos numerosas oportunidades para escalar en total tranquilidad, con vías de entre 100 y 300 metros por lo general de terreno de aventura. Paredes como Aghanbou n'Tazolt, Aghanbou Nifrane o Jbel Tadline, esta última quizá la más atractiva para la escalada (a unas 3 horas de caminata desde Tamdarote), con vías como la exigente *Fugitivos del Paraíso* (350 m, 7b+), abierta por M. Elías, A. Guillaume y C. Ravier en 2008. Muchas de ellas aparecen recogidas, con croquis actualizados, en la guía de Ravier. Pero, sin duda, quien acuda con ganas de aventura encontrará aquí un inmenso terreno de juego para seguir explorando.

Redacción DESNIVEL

en la pared oeste o suroeste del Tadrarate. Entre ellas, destacamos la tetralogía:

• *Grand Carnaval* (500 m, 8a+ o 6c+ obl), a cargo de B Kempf, F Gentet, A Petit, M Piola y F Roux, en 2004.

• *Widmo* (500 m, 8a o 7b obl), por B.Fic, G. Grochar y T. Samitowski en 2004.

• *Gure Ametsa* (500 m,7c+ o 7a+ obl), por Unai Mendia y Eneko César, en 2005.

• *La grand rouge* (500 m, 8b), por Alex Hubber y Fabian Buhl en 2017. Una de las más comprometidas de Taghia.

Xavi SABATER / Redacción DESNIVEL

Christian en la cumbre de
la Pared de la Cascada,
con buenas vistas al
pueblo de Taghia, abajo.

ASPIRANTE
A NÓMADA

EMPEDERNIDO cazador de paredes, Christian Ravier ha viajado a Marruecos más de cuarenta veces; desde la primera, en 1989, «cuando fuimos en un coche muy pequeño hasta Todra, que es donde íbamos los escaladores al principio», recuerda. Ya en 1994 fue por primera vez a Taghia y se enamoró del lugar, que por entonces tenía aún mucha roca virgen. Aquí se encuentra la mayoría de las aproximadamente 60 líneas que ha dibujado en las distintas zonas marroquíes, aunque su huella también está en la Catedral de Imsfrane, Tafraute, Talembote y en otras paredes del Atlas menos conocidas. Este escrito es de uno de estos viajes (de 2012, con Arnaud Guillaume), en los que siempre encuentra aventura y descubrimiento.

En el lado bueno de la Tierra

Unas cuantas fotos de un cañón donde se veían paredes lo suficientemente altas como para captar nuestro interés fueron la excusa perfecta para ir a saborear las noches interminables de diciembre en la vertiente Sur del Atlas. En Taghia, en el Rif o en Tafraoute, muchas veces me he arrepentido de no ser más nómada: disfrutar tanto de la escalada como del viaje; seguir descubriendo el país de los bereberes.

Es la ocasión para los encuentros. Como aquel pastor que se nos acercó al anochecer, un tanto escéptico al vernos con unos trozos de verdura flotando en una sopa de sobre. Allá arriba, en las laderas del Jbel Ta'abbast, nos mostró dos luces anaranjadas; eran fuegos... estrellas de pastor. En el altiplano, por la noche, quemamos ramitas y arbustos secos; casi has de meter las manos en las llamas para sentir el calor de una fogata demasiado débil; nos peleábamos por los lados de la cafetera, bajo un festival de estrellas fugaces. Por la mañana, las luces del Este disipaban la escarcha, después nos calentaban. Estamos bien, en el lado bueno de la Tierra. Buscábamos escalar orientados al sur; mirando lejos, allí donde el sol dibuja las curvas de las colinas, recorta las crestas y enciende las murallas a la hora de las grandes sombras. Los *wadis* [lechos secos de los ríos] nos abren pasillos para llegar hasta la pared... Nos imaginamos con ellos la fuerza del agua, la violencia de las tormentas del Atlas.

Ismael aprendió francés con los turistas que pasan por su camping. Ama su tierra, las patatas de su huerto cocinadas en *tajines*, alimentadas con estiércol de vaca que, asegura, es excelente para la salud. Los árabes llamaron bárbaros a estos antepasados porque no entendían su habilidad o su locura de dormir solos en la montaña, nos cuenta Ismael, un joven bereber ávido de encuentros.

Se acerca el invierno, los rebaños son cada vez más escasos; en las colinas, la más mínima ramita es recogida, las *djellabas* [túnica tradicional] son más pesadas, más oscuras: vemos la nieve desde los pueblos acurrucados junto a los cauces secos.

Después de cruzar Gibraltar, el Rif se convirtió en una parada ideal. Vamos a probar su roca esculpida y a enfrentarnos a un río desbocado. Pero después no teníamos planes concretos. Ir hacia el Sur, eso seguro. Con las bellas luces de esos días demasiado cortos, teníamos tiempo; ese tiempo que nos permite aclimatarnos, que nos brinda armonía. Y, entonces, nos topamos con unas piedras preciosas...

Christian RAVIER

GARGANTAS DE
TODRA
MAJESTUOSAS E
IMPERTURBABLES

Referencia de la escalada marroquí desde hace décadas, aunque ha perdido el foco de antaño, no ha dejado de evolucionar. Actualmente ofrece más de 400 vías, combinando la deportiva de un largo con rutas de hasta 500 metros, y todo tipo de servicios necesarios para el escalador. Fundamental dejar la prisa en casa para saborear su esencia.

El escalador Chris Scharpf junto a la carretera cruza las gargantas de Todra, facilitando el acceso a las paredes.

ANTES de que salieran a la luz las ya conocidas y famosas zonas de escalada como Tafraoute, Talembote o incluso de que las grandes paredes de Taghia estuvieran en el punto de mira de los escaladores, la escalada en Marruecos se resumía en un destino: las Gargantas del Todra (o Todgha), conocidas por ser la primera gran escuela de escalada de Marruecos. Es un destino que vivió un gran boom de turismo de escalada a inicios de los dos mil, donde escaladores de todo el mundo acudían en busca de aventura. Con el paso de los años, el turismo escalador ha ido a menos y, aunque sigue habiendo un goteo de escaladores que visitan el lugar, lejos queda ese bullicio que vivió. Tal vez sea una cuestión de mo-

das o tendencias, pero de lo que estoy seguro es que Todra combina paisajes impresionantes, grandes paredes y roca por todos lados, de una caliza rojiza y compacta, con el atractivo de su rica cultura bereber... Sin duda alguna, merece una visita.

Los primeros escaladores

Los primeros registros de escaladores (franceses y españoles) en Todra datan de los años 70, cuando se descubrió este recóndito cañón a ojos de escalador. Se consideran algunas de las primeras vías la *Arista Norte* o el *Pillier du Couchant*: ambas vías clásicas que a día de hoy se repiten de manera asidua. Fue entonces cuando la comunidad local, que nunca había considerado escalar las montañas que les

rodeaban simplemente por placer (puntualizo por placer, ya que los pastores y nómadas de la zona ya seguían entonces caminos verticales para ir, por ejemplo, en busca de una cabra extraviada), observó con curiosidad cómo estos "locos" extranjeros se enfrentaban a las paredes que ellos conocían de toda la vida.

Durante los primeros años, los escaladores que visitaban este lugar tuvieron la suerte y la visión de abrir un sinfín de itinerarios, todos ellos de aventura y por las grandes paredes. Entonces Todra era desconocido y los pocos que se aventuraban a un viaje debían enfrentarse no solo a las dificultades de la escalada, sino también a la falta de infraestructura turística. Sin embargo, esto también ofrecía una experien-

SERGI PUJOLAR

COL. DAVID BAUTISTA

cia única y virgen. Esta primera generación de escaladores no solo descubrió rutas espectaculares, también una cultura fascinante y una comunidad que vivía de manera muy diferente.

A finales de los 80, durante los años 90 e inicio de los 2000, la tendencia del *free climbing* y la búsqueda de la dificultad técnica hizo que los escaladores ya no solo se fijaran en las grandes paredes, sino que pasaron a mirar con otros ojos las franjas de roca más cortas y los contrafuertes. Empezaron a aparecer los primeros sectores deportivos como Plage Mansour, Dalle des Hollandais, Les Jardins d'Été, Gullich, Petites Gorges o el Demeuk. Este último sector alberga el primer 8a del continente africano (*Demeuk*, que le da nombre al sec-

tor), abierto en 1988 por Laurent Triay y con primera ascensión de Didier Raboutou; vía que a día de hoy necesitaría un urgente reequipamiento.

Un tesoro para la escalada

El impresionante desfiladero, ubicado en el corazón del Alto Atlas marroquí, que forma las gargantas del Todra, es un tesoro para los escaladores. Se trata de un cañón espectacular, con paredes de roca a ambos lados que alcanzan los 500 metros, de una roca caliza excepcional. En ellas encontramos vías de todos los niveles, desde rutas técnicas y difíciles a otras más accesibles. Además, el entorno que rodea el cañón, con exuberantes palmerales, crea un paisaje que parece sacado de una película.

Izquierda, en la vía *Docteur Excentrique* (6b), del sector deportivo Petites Gorges izquierdo. Arriba, Xavi Sabater en *Amour* (6b), del Petites Gorges, en su primer viaje a la zona (2013). Y debajo, David Bautista durante la apertura de *Aceite Bereber* (300 m, 6c+), en el Pilier du Couchant, que realizó con Dani Crespo en 2009.

La cultura bereber: hospitalidad y tradición

Tradicionalmente, los bereberes son pastores nómadas y agricultores que han sabido adaptarse a las condiciones áridas de las montañas del Atlas. Aunque el turismo ha traído consigo cambios en su estilo de vida, sus costumbres y tradiciones perduran, convirtiendo Todra en un lugar donde el visitante puede experimentar

Arriba, escalando deportiva en el sector Petites Gorges derecho; y a la izquierda, vista del cañón con el río y las palmeras abajo, con un escalador en el sector Plage Mansour. Derecha, panorámica del hotel Le Festival, ubicado a unos 15 minutos andando de las gargantas.

de primera mano la cultura bereber, en la que destaca sobre todo la hospitalidad. Los escaladores que visitan Todra a menudo suelen hablar de la calidez y amabilidad de los lugareños, quienes no dudan en ofrecer su ayuda o compartir una taza de té. Muchos bereberes han adaptado su actividad económica a los turistas, abriendo hostales, restaurantes y tiendas en las que venden productos artesanales.

Los visitantes que se adentran más allá de las paredes, vías y pegues, pueden descubrir una cultura rica en historia y tradiciones, donde la vida sigue un ritmo más lento, conectado a la naturaleza y donde parece que el tiempo se ralentiza. Una frase que suelen repetirte en castellano es: «Prisa mata, amigo» y, si entiendes a lo que se refieren, comprenderás que no les falta razón.

El pueblo y el río Todra

El pueblo de Todra se encuentra en la región de Drâa-Tafilalet, a unos 350 km de Marrakech. Está a una altitud de 1300 metros, en el Alto Atlas oriental, y nos lo encontramos justo antes de adentrarnos en las gargantas, rodeado de un increíble oasis de palmeras. El río, también llamado Todra, cruza el cañón y los palmerales, alimentando los huertos del pueblo y dejando a su paso un paisaje verde y vivo que contrasta con el rojizo árido de las paredes

y las montañas, en las que difícilmente encontrarás un solo árbol. Una carretera asfaltada cruza el cañón de punta a punta y continúa en dirección a Tamtetoucht.

Todra vive a día de hoy en gran parte del turismo; en temporada alta es fácil ver autobuses de turistas que aparcan en mitad del cañón, hacen sus fotos, compran algún recuerdo en el mercado artesanal que se encuentra en las gargantas y en apenas 15 minutos vuelven a subir para continuar su viaje organizado. Esto solo lo veremos si estamos escalando dentro del cañón, en los sectores Dalle Hollandais, Initiation, Jardine des Roches, Aigulle du Gue o Pillier du Couchant. En los demás sectores se respira una tranquilidad absoluta y podremos disfrutar de un ambiente más salvaje.

En primera persona

Todra fue mi primer viaje de escalada y mi primera visita al país árabe, al que fui con un grupo de amigos en 2013, cuando tenía 16 años. Éramos escaladores novatos, excepto Adrià que nos hacía de guía y

mentor de escalada; fue él quien nos habló de Todra, compramos billetes de avión y para allá que fuimos. Sin saber mucho sobre la zona, llegamos a nuestro destino al cabo de dos días, después de hacer una noche en Marrakech y otra en Ouarzazate, por fin vimos las deseadas gargantas. Por el camino visitamos diferentes "zocos" (mercados), en los que puedes encontrar todo tipo de cosas y siempre suele haber mucha gente. En los más grandes, como el zoco de Marrakech, la sensación de agobio puede ser muy grande, mucha gente te habla intentando que les compres lo que sea que venden, las calles son estrechas y están llenas de gente a hora punta, muchos turistas y muchas personas que intentan ganarse la vida... Eres un turista más y en alguna ocasión parece que a ojos del vendedor eres un símbolo de dólar andante; realmente puede ser agobiante.

Por supuesto, todo esto cambia radicalmente cuando sales de la ciudad y te adentras en pueblos y poblados, pero esto, siendo un niño y la primera vez que salía del país, yo aún no lo sabía. Recuerdo que llegamos a Todra por la tarde y, cuando estábamos haciendo el check-in en el hotel, se nos acercó un señor y nos empezó a hacer preguntas del tipo: «¿Habéis venido a escalar?, ¿Estáis muchos días?, ¿Queréis que os de información de

la zona?». En un primer momento lo que pensamos todos fue que era otro más que nos quería vender algo seguro, e intentamos quitárnoslo de encima como fuera. Sin saberlo, acabábamos de conocer a Abdul "el gandul el macarra de Todra", pues así fue como se nos presentó. Al final compartimos todo nuestro viaje con Abdul Benbasou, guía de montaña y escalada certificado en Marruecos; él nos enseñó todos los sectores, nos recomendaba las vías que debíamos escalar y él mismo las escalaba todas descalzo, como quien se pasea por casa. Abdul nos acogió en su casa, nos llevó a hacer trekking, como por la fantástica ruta de 14 km que une Tinherir con Todra, pasando por el interior del oasis de palmeras y de un pueblo en ruinas. Gracias a él pudimos conocer Todra, a su gente y a su familia de una manera única.

No solo escalar

Los últimos días del viaje teníamos pensado visitar el desierto de Merzouga, y hacer así una combinación perfecta de escalada y turismo. Cuando le contamos nuestra intención, sin pensárselo dos veces se apuntó él mismo y su sobrino a venir con nosotros, supongo que le caeríamos en gracia. No solo nos acompañó sino que organizó absolutamente todo para nosotros, con concierto incluido. Recuerdo

que, de camino a Merzouga, paramos en algún mercado y nos enseñaba las triquiñuelas que hace la gente de las ciudades para "estafar" a los turistas y nos mostró cómo nos debíamos comportar para no pagar de más al comprar souvenirs o cualquier cosa. Aprovecho esto para apuntar que desde entonces he visitado Marruecos en repetidas ocasiones, y puedo asegurar que es uno de los países más seguros de cara al turista en los que he estado, mucho más que otros países más ricos económicamente y con falsas apariencias.

En resumen, Abdul me enseñó en muchos sentidos, pero la mejor lección que aprendí fue descubrir la hospitalidad que tiene el pueblo bereber, y aprender que realmente hay quien da sin esperar absolutamente nada a cambio, simplemente por compartir.

En todos mis viajes a Marruecos, siempre he tenido la misma sensación en los pueblos bereberes, la escalada es simplemente alucinante y el país alberga alguna de las mejores vías que haya podido escalar en mi vida. Mi recomendación es que, si tienes pensado viajar a Marruecos, dedica tiempo, aunque sea el día de reposo, en conocer su cultura y sobre todo pasa tiempo con su gente; te enseñarán más que cualquier pared del mundo.

Xavi SABATER

TODRA
ROCA PARA TODOS LOS GUSTOS

TODRA aglutina más de 400 vías de grado variado, si bien el mayor porcentaje de rutas está entre el V y el 6º. También encontraremos algunas vías largas y sectores deportivos con más dificultad, desde 7a hasta 8b+. Su caliza abrasiva y de buena calidad ofrece una increíble escalada en la que podemos encontrar desde placas tumbadas y verticales a diedros, fisuras y desplomes.

Cómo llegar

Para llegar a Todra desde España existen varias opciones. Podemos ir en vehículo propio, cruzando el estrecho de Gibraltar bien desde Málaga, Algeciras o Tarifa; existen varias navieras que cubren el trayecto en solo 1 o 2 horas. Desde Ceuta tenemos unas 13 horas de conducción hasta Todra.

También podemos ir en avión, que es lo más habitual, puesto que hay vuelos económicos y, una vez en las gargantas, no es necesario el uso de vehículo para ir a las paredes.

Desde Marrakech podemos alquilar un coche, ir en taxi o en transporte público. Si vamos en grupo reducido, lo más económico será ir en transporte público hasta Tinerhir (o Tinghir). Existen dos empresas (CTM y Supratours) que realizan este trayecto, habitualmente solo hay un autobús al día, que cuesta unos 33 € ida y vuelta y tarda unas 6 o 7 horas. Desde Tinherir nos separan 14 km hasta el pueblo de Todra; hay servicio de taxi o minibús que nos llevará por unos 3 €.

Aproximaciones

En general todas las aproximaciones, ya sea para las vías largas o para los sectores deportivos, son cortas y sencillas. Los sectores Paroi du Levant, Dawlhma, Plage Mansour, Aigulle de Gué, Aigulle du Grabe, Pilier du Couchant, Murcia, Satanico, Jardin des Roches, Dalle Hollandais, Initiation, De Meuk, Regression, Sortie des Gorges o Jardins d'été, tienen una aproximación de entre 5 y 15 minutos; estos son algunos de los sectores que se encuentran en la parte más estrecha de las gargantas.

Otros sectores, como Gullich, Elephant, Trainée Blanche, Jardin d'Hiver, Scorpion, Kilimanjaro, Tacos, Kaos o Petites Gorges, requieren de una aproximación de entre 30 minutos y una hora.

Mejor época

Primavera y otoño son las estaciones con mejor temperatura para escalar en Todra, aunque en invierno también es posible escalar en los sectores más soleados. Hay que tener en cuenta que por la noche la temperatura puede descender de manera drástica.

Verano es la estación a evitar, pues en los meses más calurosos del año las temperaturas superan fácilmente los 40º. En realidad, salvo en los veranos más cálidos, la variedad de orientaciones que ofrece y el hecho de que no se encuentre a gran altitud, posibilita la escalada prácticamente todo el año.

Material y equipamiento

Encontraremos todo tipo de seguros, si bien lo más común es parabolt de 10 y 12 mm. Se han reequipado varias zonas y vías clásicas durante los últimos años. Para la mayoría de vías únicamente es necesario llevar cintas exprés, si bien en algunas no nos vendrá mal llevar un juego sencillo de friends. También se pueden encontrar vías deportivas con anclajes químicos, aunque no es lo habitual.

En general el equipamiento es bueno, pero atención, también podemos encontrar en algunas vías menos repetidas o en sectores menos frecuentados reuniones precarias, equipamiento viejo y en mal estado.

Es del todo recomendable llevar un kit con material para abandonar, incluyendo cordinos, maillones y mosquetones. También es relativamente común encontrar vías en las que falte la primera chapa, así que si llevamos alguna chapa de 10 y 12 mm con tuerca nos pueden salvar en algún caso.

Alojamiento

Hay una amplia variedad de alojamientos, desde hoteles y *riads* (casas tradicionales) hasta *gîtes* (hostales) y camping. Los precios en hotel van desde los 25 € la noche (solo dormir), mientras que en *riads* y *gîtes* van desde los 20 a 25 € la media pensión (cenar, dormir y desayunar). En general todos los alojamientos disponen de conexión wifi. Algunos alojamientos recomendables son:

- *Maison La Fleur*, a 5 minutos de las gargantas. Curiosamente especializado en comida japonesa, aunque cocinan comida tradicional marroquí. De 20 a 25 € media pensión. Contacto: www.maison-lafleur.com / Hassan +212 767-643055

- *Kasbah des Pyramide*, a 5 minutos de las gargantas, muy cerca del palmeral, terraza con vistas. 22 € media pensión. También ofrece información de las vías de escalada y es guía certificado. Contacto: Abdul Benbasou +212 662-520315

Compras

En Tinerhir podemos encontrar todo tipo de tiendas, supermercados y farmacias. Es la ciudad más próxima a Todra, a 14 km. El día de zoco (mercado) en Tinerhir es el lunes. En el pueblo de Todra solo hay dos pequeñas tiendas con todo tipo de bebidas, snacks y cosas básicas. También en el mismo cañón de Todra encontraremos muchos servicios, como restaurantes, mercado artesanal y puestos de alfombras y textiles.

Agua

Lo más recomendable es beber únicamente agua embotellada, que podemos comprar en los mismos hoteles o gîtes, así como en las tiendas del pueblo.

Más información

- Guía *Todra, rock climbing in Morocco's Todra Gorge*, VV.AA. Ed. Oxford Alpine Club, 2022.
- Guía *Escalade Gorge du Todgha*. Editada por la asociación Aventures Verticales Maroc, durante muchos años gestionada por un escalador francés (Julio Soares), que también tenía una pequeña tienda en el Todra, pero actualmente la tienda se encuentra cerrada y la asociación la lleva una familia marroquí. Está a cargo de una mujer que también regenta un hospedaje (*A secret Garden*). La guía se puede adquirir en papel en Todra y también tienen una versión digital. La última edición es de 2020 y tiene 120 pág.

Información: www.climbing-in-morocco.com y aventures. verticales@gmail.com.

Un bereber y su camello frente al palmeral de Tinghir (o Tinerhir) en el valle del Todra.

ADOBESTOCK

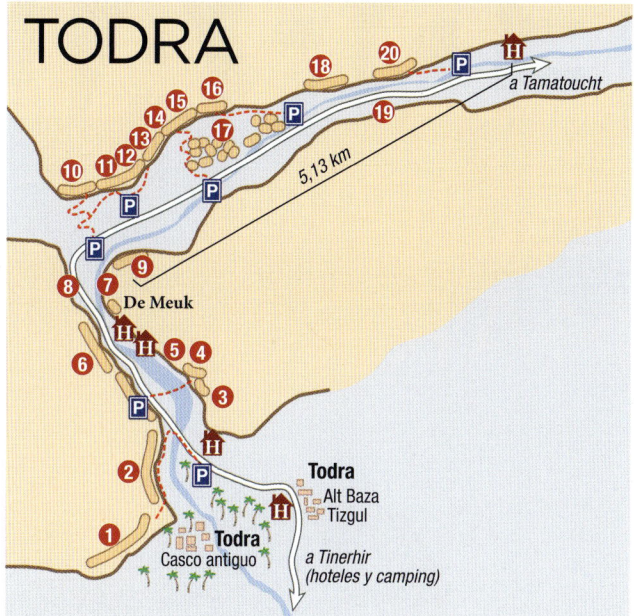

TODRA

1.- Pared de Levante. 2.- Plage Mansour. 3.- Aiguile du Gue. 4.- Pilier Couchant. 5.- Jardins des Roches. 6.- Pared de los Holandeses (Dalle Hollandais). 7.- De Meuk. 8.- Sortie des Gorges. 9.- Jardins d'été. 10.- Gullich y Mutant. 11.- Elephant. 12.- Trainee Blanche. 13.- Azamer. 14.- Mur du Scorpion. 15.- Bon Courage. 16.- Poissons Sacres. 17.- Caos. 18.- Petites Gorges izquierdo. 19.- Petites Gorges derecho. 20.- Diamante.

RECOMENDACIÓN DE VÍAS

Es difícil escoger vías, pues prácticamente todas gozan de una roca excelente y características similares. Aquí he hecho una selección general de vías deportivas con variedad de grados y una selección de vías largas únicamente de grado asequible, todas ellas con buen equipamiento y reuniones. Por supuesto, hay muchas más vías y paredes de todos los niveles que bien merecen una visita.

Durante años la dificultad para encontrar información y la apertura de vías sin dejar registro han hecho que los nombres de algunas vías vayan cambiando, por lo que en ocasiones encontraremos diferentes nombres para la misma vía, dependiendo de la fuente consultada.

Sectores deportivos

• **Plage Mansour izquierdo**, 40 vías desde Vº a 7b+. Longitud: de 15 a 40 m. Orientación este.
Vías recomendables: Saraco (6a), Limonaade (V+), Incha allah (6a+), Amigo mío (6b), Catorama (6b), Ma première en tete à vue (6c+), En second c'est tout bon (7b+).
• **Jardin des Roches**, 20 vías de Vº a 6ª. Longitud: 35 m. Orientación este.
Vías recomendables: Hamid (V+), TgnaTaghat (V+), Peperoli (V+) y Mrhbalagazzelle (6a)
• **Jardins d'été**, 30 vías de Vº a 6c. Longitud: 50 m los primeros largos y 45 m los segundos (bajar rapelando). Orientación suroeste. Vías recomendables: Il ne manque des gazelles (L1 Vº, L2 6b+), Qui est Alberto (L1 V+, L2 6c), Tam tam (L1 V+, L2 6b+)
• **Gullich**, 10-15 vías, desde 7a+ a 8b+. Longitud: 20 m. Orientación este.
Vías recomendables: Hazte un waka quisho (7b), Hijos del agobio (8a+).
Atención: reuniones precarias.

• **Petites Gorges izquierdo**, 20 vías de Vº a 7a. Longitud 35 m. Orientación este. Vías recomendables: Prisa mata (V+), Amour (6b), Homme libre (6b).
• **Petites Gorges derecho**, 30 vías de V+ a 8a+. Longitud: de 15 a 60 m. Orientación oeste.
Vías recomendables: Gabatxos (6b), Jalufa (6c), Ensalada Metalica (7a), Gne gne (7c), Bslama (8a).

Vías clásicas de varios largos

• *L'eut crue* (400 m, V). Sector Jardins d'Ete.
• *Voie Classique* (300 m, 6a), sector Pilier du Couchant.
• *Diedro Chibania* (300 m, 6b), sector Pilier du Couchant.
• *Arista norte* (500 m V), sector Sortie des Gorges.
• *Voie du file* (150 m, V+), sector Aigulle du Gue.

Xavi SABATER/
Redacción DESNIVEL

LA CATEDRAL

EL RIGLOS MARROQUÍ

DE IMSFRANE

Llamada Imsfrane o Amesfrane según el dialecto bereber que se use, o simplemente «Catedral de Rocas», esta gran pared de conglomerado únicamente cuenta con tres vías: *Gibraltar* (2016), *Salvaje* (2023) y *Komando Jaluf* (2024). Tres de sus aperturistas –Christian Ravier, Edu Recio y Pelut– nos cuentan en sendos artículos su experiencia en un destino que definen como un paraíso para los buscadores de aventura auténtica.

Las tres vías se encuentran en la cara norte de la Catedral, que tiene una altura de entre 600 m y 120 m, según la zona.

«GIBRALTAR»
LO BUENO Y LO MALO

HAY dos rutas que conducen a Zaouia Ahenesal, antes de llegar a Taghia. La más popular parte de Azilal, pasa por Ait Mehamed y luego atraviesa dos puertos antes de descender al valle excavado por las aguas del río Ahanesal. Esta ruta está asfaltada y se mantiene tanto en verano como en invierno. La otra ruta, más caótica, sigue el curso del río y está sujeta a sus caprichos. Se conoce como la pista de la Catedral. A la altura de la cuenca del Tamga, el Ahanesal forma un vasto cauce bordeado de adelfas. Aquí, anclada sobre una base de pinos, la arrogancia de una gran muralla acapara toda la atención. Con casi 600 metros de altura, la Catedral, o Amesfrane en bereber,

es un espectáculo para los viajeros y llama la atención de cualquier escalador. Pero el Atlas ha modelado esta hermosa montaña a partir de roca conglomerada y los juicios sobre la calidad de su piedra parecen incuestionables: es «roca falsa», según Saïd, el gerente del *gîte* de la Catedral. Hasta ahora, esta mala reputación ha mantenido alejados de la increíble cara norte de esta torre a los escaladores, que siguen su camino hacia las fuentes del Ahenesal, donde las paredes del Circo de Taghia ofrecen un edén rocoso. Solo los apasionados del salto base encontrarán aquí un lugar ideal para expresarse.

La Catedral me atraía desde mucho tiempo. Sin dejar de escuchar los ar-

gumentos sobre la mala calidad de su roca, he pensado a menudo en ella. En 2005, Michel Bourdet y yo llegamos a su base. La enorme chimenea que marcaba un posible ascenso me atemorizó. Más tarde, durante un viaje familiar a Taghia, tomé el sendero de la Catedral a la vuelta. Era primavera y las adelfas estaban en flor. La arrogancia de la gran muralla estaba intacta, pero yo ya la miraba con otros ojos. Con la hermosa luz, distinguía olas de piedra sobre la gran chimenea, comparables a otras famosas paredes aragonesas o catalanas. Sólo la «cabeza» del muro, más allá de la vertical, parecía aún inexpugnable.

Así que seguí jugando a ser un cazador de paredes en las montañas del Atlas. Guiados por el fruto de los encuentros y

el juego del azar, Rémi, Arnaud y yo descubrimos algunas hermosas paredes donde el placer de escalar se une al de compartir una taza de té.

Jugando con las olas de piedra

En otoño de 2016, Rémi y yo nos decidimos a hacer una visita a la Catedral. Después de atravesar la meseta ibérica de un tirón, intentamos en vano encontrar la pista que nos llevaría cerca de una hermosa pared rocosa que se veía desde Béni Mellal y, después de varios rodeos que no dejan de maravillarnos, llegamos al pie de la Catedral a altas horas de la madrugada. Con los prismáticos al cuello, apoyados en las rocas de las orillas del Ahenesal, divisamos lo que podría ser la ruta lógica por la cara

norte de la Catedral. La inmensa chimenea se detiene en un muro enigmático, luego vuelve a aparecer antes de evaporarse en un océano de conglomerado. Aquí es donde, con el paso de los días, primero con el juego de luces y sombras y luego a medida que vamos ascendiendo, aprenderemos a jugar con estas olas de piedra.

La mañana está ya muy avanzada cuando nos situamos al pie de la chimenea para un tímido primer contacto. La pared no ve el sol hasta primeras horas de la mañana y nos acompaña una temperatura suave. Escalamos cuatro largos por la gran chimenea, volviendo a lo básico para encontrar las posiciones más eficaces para este estilo de escalada: reptando, estirándonos, arrastrándonos... todo vale.

Rémi Lobarde en la inmensa chimenea que recorre la vía *Gibraltar* en la parte inferior; y a la izquierda, las adelfas en flor enmarcan la muralla norte de la Catedral, en el valle Ahanesal.

Fijamos las cuerdas y descendemos para aprovechar el día y seguir observando la pared con un dato nuevo y bastante agradable: ¡La roca de la Catedral no está mal! Es cierto que las presas no son todas fiables, a veces hay que tomarse el tiempo de tantear la roca antes de agarrarse, ¡pero es roca "de verdad"! Y, salvo algunos breves pasajes, no dejará de mejorar a medida que nos acercamos a la cima.

La noción de roca buena o mala se ha vuelto muy subjetiva hoy en día. Si una roca se desprende en una vía que antes era alabada por la calidad de su roca, pasará a ser condenada y recomendada a los suicidas. Juzgar lo bueno y lo malo, así como el bien y el mal... ¡todo un debate! En cuanto a Amesfrane, su mala reputación ha bastado para que nadie intente escalar su cara norte, ¡y eso para nosotros es muy bueno!

Al día siguiente, bajo el yugo de la estupidez de este ejercicio, subimos las cuerdas fijadas la víspera... de forma más casera, menos arrogante, esta es, junto con el heliesquí, la actividad que quizás más daña la integridad de cualquier escalador digno de tal nombre. ¡Odio remontar las cuerdas! La chimenea se detiene ahora frente a un muro negro, vertical. La habilidad de Rémi para colocar correctamente las puntas y equilibrarse le permitieron superar una de las "incógnitas" de nuestro itinerario. Finalizó el único tramo malo de la ruta que, aunque no es difícil y se protege bien, requiere cierta atención.

El cielo se oscurece, los truenos retumban alrededor, soltando ráfagas de lluvia y de granizo. Pronto, el Ahenesal, que hasta entonces había dejado correr sus aguas claras entre las adelfas, arrastra olas turbias que van carcomiendo las orillas. Una tregua nos permite completar la jornada y lle-

gar a nuestra novena reunión. Estática o dinámica, fijamos todas las cuerdas que llevamos y nos bajamos.

Aunque el día siguiente ha sido declarado jornada de descanso por unanimidad, nuestros pensamientos permanecerán en la Catedral... En busca de nuestros bastones y de una bolsa que un pastor que pasaba al pie de la muralla tuvo a bien darnos, nos detenemos en casa de Saïd, padre de trece hijos que viven en una casita al pie de la Catedral. Allí está Théo, de diecisiete

años, con cara de ángel rebelde. Vive con esta familia desde hace seis meses. En su casa de Perpiñán hizo tantas tonterías que la cárcel acabó por atraparle en su deriva. Se le ofrece otro camino, un "segundo aire", como sugiere el nombre de la asociación que le ayuda. Es un camino difícil, sin complacencia, una inmersión total en la esencia de la vida. En pocos meses aprendió árabe, a madrugar, a cavar y mover piedras para construir una casa, a caminar durante mucho tiempo, a conocer la menta,

Dos momentos de escalada de la parte superior de la ruta, donde encontraron la roca de mejor calidad, derrumbando así el mito de su «falsedad». Abajo, Christian y Rémi con el local Saïd y con el joven francés Théo, que encontró en este lugar una segunda oportunidad.

el romero y el tomillo… y a reflexionar sobre su vida y sus elecciones. Su clarividencia brilla con impresionante intensidad. Por supuesto, a menudo habla de principios de enero, cuando irá al aeropuerto de Casablanca para volver a casa. Fugitivo, Théo no ve a sus padres desde hace dos años. Se está preparando para este regreso, este segundo aire que llena sus pulmones.

Roca excelente en la «cabeza»

Nuestros planes para el día siguiente eran ganar el hombro por debajo de la «cabeza» de la Catedral, desde ahí salir por la ruta normal hacia el sur y volver al día siguiente para encontrar una salida por la parte más empinada de la pared. A primera hora de la mañana, terminamos de subir por nuestros doscientos cincuenta metros de cuerdas fijas. Progresamos por los últimos metros de la gran chimenea. Frente a nosotros se abre una gran pared y un camino va tomando forma. La roca es ahora excelente, lo que nos permite progresar rápidamente. Abandonamos nuestro plan de escapar por el hombro.

La «cabeza» de la Catedral parece inclinarse a medida que nos acercamos. Para evitar que nos pille la noche, nuestra cordada pone a prueba todos sus sentidos. Cuando el segundo llega a la reunión, todo está listo para que el primero pueda reemprender la escalada de inmediato. Por la noche, atravesamos el último muro y algu-

FOTOS: CHRISTIAN RAVIER

nos jardines colgantes. Llegamos a la cumbre de Amesfrane, la Catedral de las Rocas.

Llenos, saciados, descendemos por la ruta normal. El sendero, perfectamente señalizado y hábilmente tallado, esquiva los tramos más escarpados, siguiendo las cornisas. Un poco más adelante, una estrella eléctrica nos llama… Saïd nos espera con su coche en el aparcamiento de la pista. Va a aliviarnos de nuestras pesadas cargas y de los 7 km de curvas que aún nos separan del valle. Nos felicita, sus convicciones sobre la Catedral se tambalean. ¿Cómo explicarle que, si el coloso no tenía pies de barro, sí tenía un talón de Aquiles?

Christian RAVIER
(octubre 2016)

UN AMBIENTE «SAL

SIEMPRE que volvemos a Marruecos sabemos que nos esperan nuevas aventuras. Esta vez, en el invierno de 2023, tras disfrutar de las cascadas de Ouzoud y algunas vías nuevas deportivas y con chorreras, decidimos adentrarnos en el Atlas. Nuestra idea era ir a Taghia, pues de hecho acababan de abrir una pista que llega hasta allí. Sin embargo, llevábamos escuchando hablar de la Catedral muchos años. Nos habían contado que los viajeros que iban a Taghia pasaban antaño a los pies de la Catedral, y también habíamos escuchado que la roca no era buena para escalar. Sin embargo, nada más lejos de la realidad...

La Catedral de Imsfrane es una impresionante formación rocosa de conglomerado que alcanza hasta 600 metros de altura. Se encuentra cerca de la localidad de Tilouguite, accesible desde Marrakech pasando por la gran presa de Bin el Oui-

dane. Su pared, similar en estilo a los bolos de Riglos, ofrece grandes posibilidades para la escalada. Aquí, en diciembre de 2023, abrimos *La Salvaje* (600 m, 7b), una vía que combina desplomes, escalada de bolos y pasos técnicos.

Con parabolts marroquíes
La realidad es que no habíamos llevado material para abrir una vía como la *Salvaje*, de hecho, pensamos que dejaríamos para otro viaje el abrir allí una vía. Pero una vez que comenzamos... ¡ya no podíamos dejarla a medias!

Tuvimos que ir a comprar material y parabolts marroquíes a una ferretería en la ciudad de Beni Melal y, con eso y una buena dosis de motivación, pudimos completar la apertura. La dificultad de la roca y la falta de fisuras en algunos tramos hicieron que fuera un reto de seis días de esfuerzo, descendiendo y remon-

FOTOS: EDU RECIO

VAJE »

Aunque Edu (a la izquierda) y Jesús (a la derecha, durante la apertura) no tenían material para abrir semejante vía, una vez a sus pies no pudieron resistirse y, con material adquirido en una ferretería del pueblo, se embarcaron en una aventura "salvaje" de seis días que les obligó a dar lo mejor de sí mismos, física y mentalmente.

tando por cuerdas fijas casi cada día, y escalando dando lo mejor de nosotros.

Los primeros largos van por una canal donde la roca en la parte derecha es dudosa y de difícil protección. Jesús, que venía recién estrenado en el 8c, abrió unos largos técnicos y expuestos en esas canales que exigían darlo todo. No todo era roca mala… según escalábamos hacia arriba de la canal, la roca mejoraba volviéndose indestructible, al más puro estilo de Riglos: escalada de bolos, desplomes y fuerza. Allí volaba todo, tanto los bolos que se arrancaban como nosotros.

Los muros de arriba y el ambiente de paredón recuerdan a la cara oeste del Picu Urriellu o Peña Santa; a mitad de pared, la enorme sombra de la montaña se proyecta sobre el valle. En la parte superior, la vía afronta un techo de 7b con unos pasos duros a bloque. El resultado de tanto esfuerzo y trabajo es un viote que su propio nombre lo dice todo: Salvaje, una vía atlética y obligada.

Como pioneros riglenses

Abrir escalando desde abajo en la Catedral nos hizo pensar en los tiempos que tuvieron que vivir los primeros aperturistas de nuestro queridos mallos: toda una aventura entre bolos, donde no todos son buenos ni están agarrados a la pared.

Curiosamente, antes de nuestra apertura, solo existía una vía abierta por Cristian Ravier en 2018, denominada Gibraltar, una línea desafiante que requiere de mate-

rial de autoprotección, casi no repetida debido a la creencia de que esta pared era prácticamente "inescalable". De hecho, cuando abrimos la Salvaje, nos escribieron los campings de la zona, ya que muchos de ellos pensaban que la Catedral no era una buena pared para escalar. La realidad es que la Catedral tiene una roca excepcional al estilo de los Mallos de Riglos e, incluso, en la parte de la derecha de la pared norte hay unas paredes naranjas que recuerdan al Pisón y a la Visera. Sin embargo, esta muralla siempre ha estado bajo la sombra de las paredes de su vecina Taghia, donde la calidad de su roca caliza está en el top mundial. La Catedral, y en especial su pared norte, tiene un potencial brutal para la escalada: es un un paraíso de exploración para aquellos que buscan rutas no convencionales y un ambiente salvaje.

Edu RECIO

«KOMANDO JALUF»
ESCALAR EN UNA FREIDORA DE AIRE

«TENEMOS que ir a la Catedral que o no hay vías o hay muy pocas», así llevaba Juanito desde que nos conocimos, taladrándome la cabeza que teníamos que ir a Marruecos en busca de una pared de 600 metros de conglomerado donde encontraríamos muerte y destrucción asegurada…

La verdad que me daba un poco de pereza ir de exploración a Marruecos ya que, por razones laborales, viajo bastante a este país, pero al final una cordada es como un matrimonio, a veces toca montaña y otras playa, y la verdad que lo teníamos todo a favor para realizar un viaje *low cost* entre comillas y no tener que arruinarnos pagando exceso de material a cualquier aerolínea para cruzar el charco.

Así que sin pensarlo mas cargamos nuestro 4x4 de comida y material y ponemos operación "Jaluf" en marcha. Solo hay una cosilla que se nos escapaba y es que, por tema de fechas vacacionales de mi compi, toca ir en julio… Pero somos muy optimistas y tanto a Juanito como a mí nos encanta asarnos escalando al sol en verano, lo que no hubiéramos imaginado nunca es que escalaríamos dentro de una de esas nuevas freidoras *airfryer* tostándonos lentamente mientras íbamos escalando.

Sin perder un minuto

La primera sensación al llegar es la de magnitud, tranquilidad y unas ganas increíbles de empezar a descubrir rincones de la pared. Pero hoy en día hay tanta información que a veces se rompe un poco la magia de descubrir… Así que, sin querer perder ni un minuto, charlamos con nuestros amigos Christian Ravier y Jesús Ibarz, autores de las dos vías con las que contaba la pared, y nos pasan toda la información útil.

Exploramos el pie de vía y nos damos cuenta que la idea que traemos en la cabeza no será posible dada la magnitud de la pared y las condiciones climáticas. Tras un primer intento arrastrándonos por una chimenea que exigía bastante escalada libre de "morraken", pasamos al plan "b": escalada plaquera técnica de conglomerado a veces bueno y casi muchas veces muy malo.

Divisé un paño que me robó el corazón completamente, a la derecha de las dos rutas existentes, y que se caracteriza por

David Palmada "Pelut" y Joan Gilbert buscaban «muerte y destrucción» y la pared norte de la Catedral les regaló todo lo que querían, con el picante extra de escalarla en el caluroso verano, pero también pudieron saborear la hospitalidad y el buen trato de los locales.

tener la proa más desplomada de la pared: una parte final que tendrá unos 200 metros que, con los días que tenemos, es perfecta para poder escalarla y disfrutarla.

Trasladamos toda la chatarra a pie de nuestra nueva ruta y empiezo a navegar por un mar de conglomerado con infinidad de agujeritos que hacen la delicia del artificiero: plomitos, maderitas, ganchos y alguna vez, muy de vez en cuando, algún clavito falcado, hacen que el largo vaya cobrando intensidad, ya que el suelo esta cada vez más lejos y los seguros cada vez son más precarios. Me voy dando cuenta de la inmensidad de la pared...

La tónica será un largo por día aproximadamente; entre que subimos, arrancamos y nos activamos, ya que os aseguro que con

ese calor no es fácil hacer que el cuerpo funcione rápido. Después de cada jornada los primeros días volvíamos a nuestro campamento en mitad del bosque, pero estábamos tan agotados, sucios y sudados que nos dimos cuenta que no estábamos descansando lo suficiente y que si seguíamos así no íbamos a terminar bien, así que tomamos la decisión de dejar a un lado nuestra faceta de hippies perrofláuticos y pasarnos al rollito señoritos pijoteros: nos vamos a la *Gîte d'etape* a negociar un cuartucho para dormir y algún rincón para ducharnos, y nos encontramos que los guardas nos dejan por un ridículo precio, después de saber que estábamos escalando la Catedral, una cabaña prácticamente nueva con su cuartito de baño, su barbacoa y su mesita en el jardín. Buaah, ¡ahora sí estamos en el paraíso!

El desplome de la muerte

Más motivados y frescos que nunca seguimos progresando por la pared bajo la atenta mirada y gritos de ánimo de todos los turistas que están acampados al otro lado del río, desde donde pueden observar perfectamente nuestra progresión.

Van pasando los días y nosotros vamos ganando metros acercándonos al desplome de la muerte. Nos decidimos a instalarnos en la pared con la hamaca y no bajar hasta terminar la vía. La verdad que el am-

biente al atardecer desde la pared es un espectáculo para los sentidos. Ahora ya solo tocaba sobrevolar todo ese desplome sintiendo la gravedad bajo los pies y deleitarnos con unas buenas fotos y videos del ambiente. En estos dos largos de desplome sientes la verdadera esencia del *airfryer* porque notas que te vas cociendo poco a poco, ya que el aire que le dio por soplar los últimos días parecía salido del mismísimo infierno; iba recalentándote hasta tal punto que todo quemaba.

Escalo el último largo y me arrepiento de no llevar mi termómetro láser para poder tomar una medición de la temperatura de la piedra. Es increíble pero no aguanto tocar los bolos de conglomerado que están al sol casi todo el día ¡seguro que si le tiro un huevo se cuece! Así que, casi de rodillas, llego a la única sabina que hay para darme sombrita mientras espero la llegada de mi compi y celebrar la apertura de *Komando Jaluf*, que el nombre viene porque realmente parecíamos dos cerditos (sucios, sudados y apestosos), hasta que descubrimos el paraíso.

Unos días de desconexión brutal en un lugar con un encanto especial donde seguro volveremos porque nos queda mucho por explorar y muchos rincones para escalar.

David Palmada "PELUT"

Para abrir los siete largos de su *Komando Jaluf* (230 m, A5), Pelut y Joan invirtieron un total de siete días (4 al 10 de julio), de los cuales los tres últimos permanecieron en la pared con la hamaca, disfrutando de unos atardeceres que eran un «espectáculo para los sentidos». A la izquierda, superando el gran desplome final (dos largos de A5), en el que tuvieron que tirar de toda su artillería bigwallera, y arriba en la sabina de la cumbre que les permitió refugiarse un poco del sol abrasador.

LA CATEDRAL DE LAS ROCAS

Vías Catedral (norte)

Mide desde unos 120 metros en la parte oeste, hasta los 600 metros de desnivel vertical en la parte más alta (en la zona de la vía *Gibraltar*), que va directa a cumbre.

1. Gibraltar (600 m, 6c) por Rémi Laborde y Cristian Ravier en octubre de 2016. Material: 2 juegos de friends (1 al 4), microfriends azul y verde, cintas. La vía remonta una gran chimenea

evidente durante nueve largos, y continúa después más o menos en diagonal hacia la derecha hasta el frontón somital, sumando 17 largos en total. Excelente escalada.

2. La Salvaje (500 m, 7b) por Edu Recio y Jesús Ibarz en diciembre de 2023. Material: llevar cintas exprés y algunos friends medianos y pequeños, en especial para los primeros largos, donde los seguros alejan.

A. Proyecto/intento por una fisura-diedro (abierto unos 60 metros por Pelut y Joan).

3. Komando Jaluf (230 m, A5) por Pelut y Joan Gibert en julio de 2024, una vía de artificial extremo para la que necesitaremos 30 clavos variados, muchos plomos y falcas de madera, friends hasta el nº 4, plaquetas recuperables, guíndola y demás material de big wall. Se puede bajar caminando por detrás o en rápel por la misma vía.

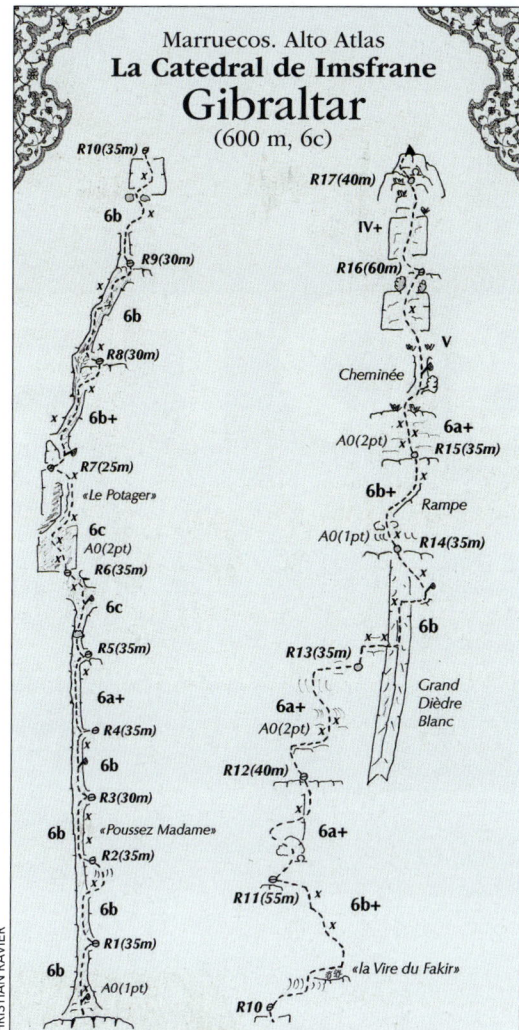

Marruecos. Alto Atlas
La Catedral de Imsfrane
Gibraltar
(600 m, 6c)

CHRISTIAN RAVIER

EDU RECIO

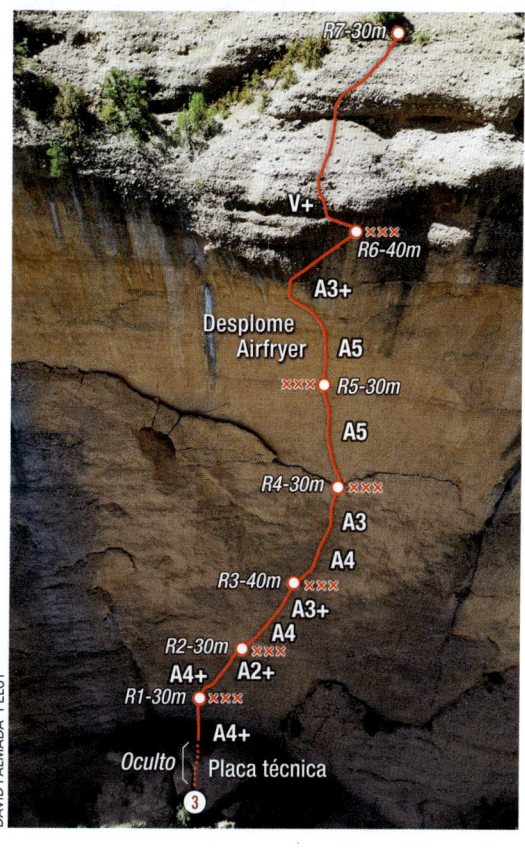

DAVID PALMADA "PELUT"

L A Catedral es una gigantesca mole de conglomerado de «bolo» gordo que se eleva sobre la depresión de Tamga, perfilada por las orillas del río Ahansal, bordeadas de adelfas. Aunque tiene roca en tres de sus orientaciones (norte, este y oeste) destaca la pared norte, de unos 600 m de altura y unos 1000 m de longitud.

Cómo llegar
Desde Marrakech, toma la N8 hacia Azilal, pasando por el embalse de Bin el Ouidane. Continúa hacia Tilouguite por carretera asfaltada. Desde allí, los últimos km hacia la Catedral son por pista de tierra, accesible con vehículo normal. Nosotros fuimos en nuestra camper y es un viaje muy recomendable. Desde Marrakech se puede contratar un taxi que te lleva hasta la Catedral (coste aprox por trayecto unos 140 €). Hay unos 260 km entre Marrakech e Imsfrane, en el que se tarda unas 5 horas conduciendo.

Acceso a la pared
Existe una pista en buen estado que se coge desde la parte oeste de la Catedral y que va cogiendo altura y aproximándose a la pared. Hay varios apartaderos para aparcar, pero ningún parking como tal. Lo más recomendable es aparcar pasada una curva cerrada a la izquierda, que atraviesa una canal a la altura de la vía *Gibraltar*. Una vez aparquemos (GPS: 31.984337, -6.128406), deberemos subir por esta canal y caminar a la derecha en función de la vía que queramos escalar (hasta la *Salvaje* son unos 25 min).

Descenso
La Catedral de Imsfrane se ha convertido en un atractivo turístico importante para los visitantes de Marrakech, donde se pueden contratar tours guiados que te llevan a su cumbre. El camino, creado originalmente por los pastores locales, está actualmente muy arreglado. También atrae desde hace tiempo a los practicantes de salto base.

Para el descenso de la Catedral, si hemos escalado la pared norte, lo más recomendable es bajar hacia el sur, siguiendo el camino turístico hacia el collado sur, y desde ahí seguir bajando a la pista en la que aparcamos hacia la izquierda (vertiente este). En una hora y cuarto aproximadamente llegaremos de vuelta al parking.

Orientación
Principalmente norte (que es donde están las vías abiertas a día de hoy), aunque hay también encontramos muros de roca más cortos en las vertientes oeste y este, con potencial para nuevas aperturas.

Dormir
Puedes encontrar alojamiento en albergues y gîtes locales en el mismo Imsfrane, donde también hay un par de campings con unas cabañas de madera. De igual manera es posible acampar por toda la base de la Catedral, donde encontraremos una pista de tierra paralela al río. Aquí hay multitud de lugares donde los marroquíes van a pasar el día de picnic.

Restaurantes, compras...
Tilouguite ofrece pequeñas tiendas y restaurantes básicos. Ouaouizeght es la ciudad grande más cercana donde podréis encontrar casi de todo. En su entorno se encuentra el *barrage* (embalse) de Bin el Ouidane, donde está permitido el baño.

Mejor época
La orientación norte garantiza sombra durante la mayor parte del día, por lo que primavera y otoño son las mejores estaciones para escalar. En verano el calor es excesivo, y en invierno las temperaturas pueden ser muy frías.

Restricciones
No hay restricciones a la escalada, si bien, como es habitual, deberemos extremar el respeto por este valioso entorno.

Camino de Taghia
Desde la catedral sale una pista a la localidad de Zaouiat-Ahansal, de unos 40 km, que está en buen estado y ofrece una opción para continuar el viaje a Taghia, después (o antes) de haber escalado en la Catedral.

Edu RECIO

TALEMBOTE

ENTRE MONOS Y CHORRERAS

Situado entre las montañas del Rif, Talembote combina naturaleza virgen con impresionantes paredes de caliza de grandes chorreras y fisuras, siendo un lugar perfecto tanto para escaladores deportivos como para amantes de la aventura y la autoprotección, con más de 300 vías variadas repartidas en unos 40 sectores.

FFOTO: EDU RECIO

En la vía *Taghazout* (280 m, 8a), abierta por Edu Recio y Jesús Ibarz en 2014; la propuesta más dura de la Pared de la Rueda.

FOTOS: EDU RECIO

Arriba, Julieta Montoya (izquierda) y
Jesús Ibarz (derecha) en *La Héia*,
una escalada de aventura en la Pared de
la Rueda; y en la página derecha, en
esta misma pared, Jesús encadenando la
exigente *Taghazout*. Abajo, buen
ambiente, y vistas a la pared de Caiat, en
la terraza del Café la Rueda.

XAVI SABATER

L A escalada en Talembote, en el corazón del Parque Nacional de Talassemtane, comenzó a tomar forma a principios de la década del dos mil. En aquellos primeros días, los escaladores que llegaban a la región encontraron un terreno virgen, lleno de posibilidades, pero también de desafíos. Uno de los primeros objetivos fue la imponente pared de Caiat, un coloso de roca que reta a todo aquel que se le acerca. Sin embargo, las primeras vías que se abrieron en esta pared no llegaban hasta la cima y, aunque marcaron el inicio de la escalada en la zona, estaban lejos de explotar todo su potencial.

Entre las primeras rutas de esta era destacan la vía *David García* (por V. Iglesias, S.Liendo y P.Pascual en 2006) y *El cielo quemará tus ojos* (por J. González y José M. Sánchez Leal en 2007), ambas consideradas pioneras, si bien no alcanzaron a completar la pared de Caiat en su totalidad. Fueron estos intentos los que sirvie-

ron de chispa inicial para el desarrollo posterior de la escalada en la región.

El nacimiento del sector Pinchos y el despegue de la deportiva

A medida que los escaladores fueron conociendo la zona, comenzaron a explorarse nuevas áreas, y uno de los primeros sectores en desarrollarse fue el sector Pinchos, un área deportiva que rápidamente ganó fama por su excelente roca y su accesibilidad. Situado justo al lado de la carretera, en la parte baja del cañón junto a una pequeña central hidroeléctrica, Pinchos se convirtió en el punto de referencia para los escaladores que llegaban a Talembote desde distintas procedencias.

Este sector fue el primero en recibir atención internacional, con escaladores checos, eslovacos, italianos y españoles llegando al lugar, motivados por las historias de sus primeros exploradores. Gracias a la colaboración del local Abdul, quien siempre tuvo acceso al equipo ne-

cesario, incluidos taladros y material para equipar, se desarrollaron nuevas rutas deportivas que cubrían una amplia gama de dificultades, como el Sector Ratas con vías del IVº grado hasta el 7b. El estilo de escalada en Pinchos es conocido por sus exigentes placas y desplomes con gotas de agua, una combinación que atrae tanto a escaladores intermedios como avanzados.

Las grandes vías de varios largos

Pero no todo en Talembote se limitaba a la escalada deportiva. A medida que los escaladores iban explorando las paredes más altas, comenzaron a abrirse las primeras vías de varios largos. En 2009, motivados por el deseo de crear algo significativo en el lugar, abrimos una de las rutas que se ha convertido en una de las más repetidas de la zona: *Pueblo de Monos*, en el sector Gaza, una pared de unos 200 metros. Con cuatro largos de hasta 6c, esta vía es hoy en día una clásica obligada

para todo escalador que llega a Talembote. Es una ruta que combina bien la aventura con la seguridad de un buen equipamiento, lo que la convierte en una elección popular entre quienes buscan iniciarse en las grandes paredes de la región.

El verdadero salto en el desarrollo de la zona llegó en 2010, cuando junto a Jesús Ibarz, abrimos *África*, una vía de 450 metros y 7a que rápidamente se convirtió en la joya de la corona de Talembote. *África* es una línea diversa y exigente, que lleva al escalador por una combinación de placas, diedros y fisuras. Su equipamiento, aunque generoso, mantiene la tensión necesaria para ofrecer una experiencia completa. Para muchos, escalar África es un sueño, una vía que simboliza todo lo que Talembote tiene para ofrecer: belleza natural, dificultad técnica y la satisfacción de llegar a lo más alto tras una lucha continua contra la pared, rodeado de monos en el ambiente más salvaje que puede ofrecer el Rif.

Sí, has leído bien, y de ahí viene el nombre que le pusimos a *Pueblo de Monos*: cuando volvimos y le dijimos a Abdul que la línea que estábamos escalando estaba llena de monos que la cruzaban de un lado a otro, su respuesta fue: "¡Aaaah! Eso, ¡Pueblo de monos Edu!".

Escalar mientras escuchas las mezquitas del otro lado del valle confiere al lugar un sabor insólito digno de degustar por los mejores paladares. Y lo digo de forma literal, puesto que escaladores de la talla de Christian Ravier, Simone Pedeferri, Alex Honnold y otros más, han ido pasando y dejando su huella personal en las grandes paredes de Talembote con el paso de los años.

La expansión: Sahara, Toumbuctou y Taghazout

A medida que pasaban los años, la escalada en Talembote no se detuvo. En 2011, las paredes cercanas al alojamiento Café La Rueda comenzaron a recibir más atención donde apenas había un proyecto

IBON MENDÍA

Arriba, Joseba Iztueta abriendo *Borrokak darrai* (390 m, 7b+), una escalada de aventura que realizó con Ibon Mendía en el invierno de 2023. Abajo, panorámica del valle con la gran montaña de Caiat. La roca ofrece desde técnicas placas a desplomes explosivos y magníficas chorreras, como las de la vía *Taghazout* (en la página derecha, Pol Ordeix encadenando el largo de 8a de esta ruta).

JOSEBA IZTUETA

abandonado checo. Especialmente en la Pared de la Rueda, en la que la cordada española de David Bautista y Carlos Rubio inician la apertura de *Aceite Bereber*, vía exigente que dejan semiequipada y, por culpa del mal tiempo, se ven obligados a abandonarla tras abrir algunos largos.

Al año siguiente, en 2012, se abrieron en esta pared vías de mayor dificultad, como *Sáhara* y *Tumbuctou*, que elevaron el nivel de la escalada en la zona (ambas por Jesús Ibarz y Edu Recio). *Sáhara* es una ruta exigente, con una línea directa y desplomada que pone a prueba incluso a los escaladores más experimentados. Pero fue la apertura de *Taghazout* lo que marcó un antes y un después. Esta vía, con un tercer largo que presenta una chorrera de 40 metros, es uno de los desafíos más impresionantes de Talembote. Con dificultades que llegan hasta el 8a, *Taghazout* se ha convertido en una prueba de fuego para los escaladores que buscan medir su resistencia y técnica en una escalada de gran envergadura.

Evolución en la pared de Caiat

Caiat es la montaña que domina el valle de Talembote, visible desde varios kilómetros. Al contar con dos muros, las últimas aperturas ya permiten combinar algunas vías del muro inferior con otras del muro superior. Aquí se encuentra la ya mencionada y recomendable *África*; una opción muy buena es combinar esta vía con *La July de Blair*, una variante de 200 metros en el muro superior de Caiat, abierta por Julieta Montoya y Edu Recio en el año 2017. De esta combinación resulta una vía equipada de más de 400 metros mantenida en el 7a, muy recomendable. O, si se prefiere, también es posible salir en el muro superior por una clásica más fácil como es *El espolón mapuche* (200 m, 6a).

Recientes aperturas como *Tximinoen iraultza* ("Revolución de los monos") (450 m, 7a) y *Borrokak darrai* ("La lucha continúa") (390 m, 7b+), ambas en 2023 por la cordada de Joseba Iztueta e Ibon Mendía, dejan patente que aún quedan grandes y hermosas vías por escalar en autoprotección en los dos muros de Caiat.

A la derecha de la pared de Caiat también se han abierto numerosas vías de artificial y escalada tradicional por parte de cordadas checas, francesas, italianas y españolas, como son el *Sueño de los tablilla*, *Secuestro mental* o *Son Talent m'botte* (190 m, 6c+) por Christian Ravier y Arnaud

EDU RECIO

IBON MENDÍA

JOSEBA IZTUETA

Guillaume en 2011. También a la izquierda de la Pared de Caiat se ha equipado un pequeño sector de deportiva de chorreras de gran calidad: el sector Trikita.

Un destino sin fronteras

El atractivo de Talembote no ha pasado desapercibido. Escaladores de todo el mundo, desde españoles a franceses, checos, italianos... han llegado al lugar para probar sus habilidades en sus paredes. Sin embargo, a pesar del flujo constante de aperturas y equipamientos, la zona no ha seguido un registro oficial de las vías abiertas, lo que le otorga un aire de aventura y exploración. Afortunadamente, Abdul

Wahid, el regente del albergue La Rueda que ha estado involucrado desde los primeros días, mantiene el archivo más completo de la zona, siendo una referencia invaluable para aquellos que buscan información precisa sobre las rutas y sectores.

La historia de Rachid: de aprendiz a guía local

Entre las muchas historias que rodean la escalada en Talembote, una de las más entrañables es la de Rachid, un joven que comenzó trabajando en el albergue La Rueda y que, con el tiempo, se ha convertido en el guía local por excelencia para los turistas que visitan la zona. Aún recuerdo cómo,

hace años, tuvimos que enseñarle a asegurar. ¡Quién lo diría ahora! Rachid, que no sabía ni cómo colocar un mosquetón, se ha transformado en el rey del sector Pinchos.

Es curioso ver cómo ha evolucionado, pero también me pone un poco nervioso cuando me cuenta con total tranquilidad que sube las vías sin asegurar para montarlas en top-rope para los turistas, porque, según él, "los turistas no saben asegurar". Cada vez que lo menciona, se me sube un poco el corazón a la garganta. Como Técnico Deportivo de Escalada, he tenido que explicarle varias veces que eso no es seguro, que no es la mejor idea trepar por una vía sin seguro mientras un grupo de turis-

Arriba, Ibon Mendía en *Tximinoen iraultza* (450 m, 7a) y la izquerda, Joseba Iztueta abriendo *Borrokak darrai* (390 m, 7b+); ambas rutas en la pared de Caiat del invierno pasado. A la izquierda, Ignacio Cortés escalando en el sector deportivo Triquita.

tas te mira desde abajo, confiando ciegamente en que todo va bien. Pero Rachid, con su sonrisa confiada, siempre responde lo mismo: "No te preocupes, Edu. ¡Es que las vías fáciles son para mí como pasear por el campo!". Y ahí es cuando me pregunto si algún día realmente logrará tomarse en serio mis advertencias.

Más que un sitio de escalada...

Talembote es mucho más que un destino de escalada. Es un lugar donde las paredes, los monos y las chorreras se mezclan con las risas, los éxitos y, a veces, los fracasos. Café La Rueda sigue siendo el corazón de esta pequeña comunidad de escaladores, donde Abdul Wahid sigue recibiendo a los recién llegados con una sonrisa y donde Rachid, por mucho que me haga sudar frío con sus historias, se ha convertido en una parte fundamental de la experiencia de Talembote.

Al final del día, no importa cuántas veces haya escalado allí ni cuántas historias me haya contado Rachid, siempre que vuelvo a Talembote me siento como en casa. Es un lugar que te desafía a cada paso, pero que también te recompensa con momentos inolvidables. Y lo mejor de todo es que, con más de 300 vías y nuevas aperturas cada año, la aventura nunca termina.

Si alguna vez tienes la oportunidad de visitar Talembote, no lo dudes. Te esperan grandes paredes, historias aún más grandes y, por supuesto, una taza de té en Café La Rueda, donde la aventura y la camaradería siempre están en el menú.

Edu RECIO

Djbel de Caïat
(Pared de Caiat)

Chât Kebir

Pared del
sueño de
los Tablillas

Triquita

Chât Seger

Espolón Kert

Pared de
la Rueda

Sector
Baraka

TALEMBOTE

MÁS DE 300 VÍAS EN 42 SECTORES

A historia de la escalada en Talembote no se detiene. En la actualidad, la región cuenta con alrededor de 300 vías de escalada repartidas en más de 40 sectores a lo largo del valle, lo que la convierte en un paraíso para los escaladores de todos los niveles. Desde la pared de Caiat, imponente y desafiante, hasta los sectores deportivos más accesibles al lado de la carretera, como Pinchos o Ratas, Talembote sigue ofreciendo nuevas aventuras para quienes buscan desafíos en roca.

Cómo llegar
Desde Chefchaouen (también conocido como Chauen), hay que seguir la carretera hacia Akchour, un recorrido de unos 30 km en el que se tarda aproximadamente 40 minutos por una vía asfaltada. Aunque la zona de escalada se conoce como Talembote, y hay un pueblo que se llama así, en realidad las paredes no están en este pueblo, sino un poco antes, en un pequeño pobladito que se llama Taghazout (no confundir con la zona de surf de Agadir, que no tiene nada que ver, aunque tenga el mismo nombre), en el que se encuentra el Albergue La Rueda (GPS: 35.265472, -5.230944) y desde donde se accede a muchos de los sectores. Nosotros fuimos en nuestra furgoneta Camper, y se viaja bien de este modo por Marruecos. También se puede tomar un taxi en Chauen para llegar hasta aquí.

Aproximaciones
Hay que advertir que perderse o retrasarse en las aproximaciones es más que habitual en estas paredes. Los estrechos caminos apenas están marcados y la vegetación de la zona dificulta bastante el llegar de forma directa a las paredes.

• **Pared del Paraguas, Sector Gaza y Pared de la Rueda (y sectores de la derecha de Caiat):** Desde el Café la Rueda conduciremos hacia Ackchour y antes del sector Ratas veremos en una curva a derecha la central eléctrica abajo en el río. Desde este punto cruzaremos el río por la pasarela de la central; si seguimos el sendero a la derecha llegaremos a la Pared del Paraguas (15 minutos). Para ir a la Pared de la Rueda, tras cruzar el río tomamos la senda a la izquierda hacia una cabaña en un llano, desde allí tomamos otro sendero que va ascendiendo poco a poco y va recorriendo la pared, pasando por el sector Gaza, Baraka y finalmente a la Pared de la Rueda, a la que tardaremos 1 hora aproximadamente.

• **Pared de Caiat y Espolón Kert:** para tomar esta senda deberemos continuar la carretera desde el Albergue la Rueda hacia Oued Lao y cruzar el río a la altura del sector Most, donde hay un viejo puente de piedra roto en tres partes y que deberemos cruzar. Pasaremos por debajo del sector Most y cogeremos una senda que va ascendiendo hasta la pared inferior de Caiat hasta llegar a unos 50 metros a la derecha

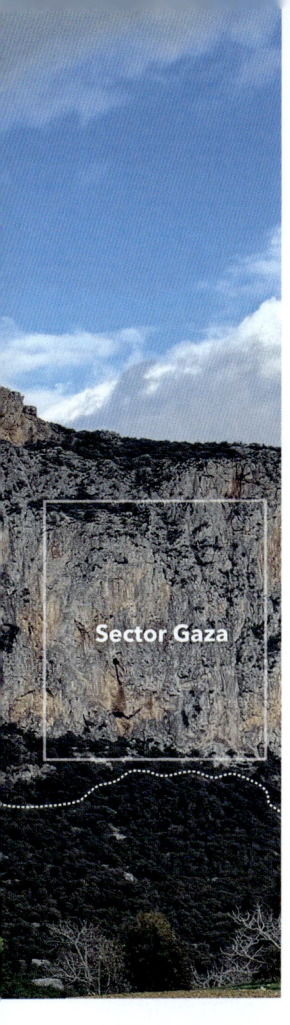

Sector Gaza

Sector Triquita

XAVI SABATER

A la izquierda, escalando la vía *Gracias a la lluvia*, en la pared del Paraguas. Abajo, el acogedor albergue-café La Rueda, donde encontraremos alojamiento, comida e información sobre la escalada en la zona.

del pie de vía de la famosa África (1h 15 min aproximadamente desde la carretera).

A pie de vía hay un vivac bastante confortable si se desea hacer noche antes de escalar.

• **Sectores de escalada deportiva:** están repartidos a lo largo de la carretera que va de Oued Lao a Ackchour. Hay todo tipo de orientaciones y el acceso es entre 1 minuto hasta 10 minutos por lo general.

Tipo de escalada

En Talembote hay sectores equipados de escalada deportiva, vía larga equipada, escalada de autoprotección y escalada artificial. En cuanto al estilo, es igualmente variado: encontramos desde placas y fisuras hasta chorreras y estalactitas de todos los tamaños.

Las vías largas van desde los 150 metros en la Pared del Paraguas hasta los 450 metros en Caiat. Las vías de deportiva varían desde los 10 hasta los 30 metros en la mayoría de los casos.

Mejor época para escalar

El clima mediterráneo de la zona permite escalar durante la mayor parte del año. La mejor época va de octubre y abril, cuando las temperaturas son más frescas y agradables. Durante los meses de verano puede hacer demasiado calor, especialmente en los sectores con poca sombra. En enero y febrero puede llover muchos días seguidos. En el año 2010 llovió casi a diario, tanto que la tierra reventó, salió un nuevo río de su interior y la tierra engulló el pueblecito de Taourate.

FOTOS: EDU RECIO

1h 15 min.

PARED DE CAIAT (Talàat Adrousse): 1. De Vuelta al Punk (160 m, 7a+, 6c obl.). **2.** Martina Rojo (120 m 7a/+, 6c obl.). **3.** Navegando sobre el tiempo (150 m, 6c/A2). **4.** Tximinoen Iraultza (450 m, 7a, 6c obl.). **5.** El cielo quemará tus ojos (200 m 6a+/A2). **6.** El Cielo libre (180 m, 6c+, 6b obl.). **7*.** África (450 m, 7a, 6a+ obl.). **8.** Vía no acabada o desconocida. **9.** Iahala (200 m, 6b/A2). **10.** Vía no acabada o desconocida. **11*.** Marock N'Roll Zoo (400 m, 7c, 6c obl.). **12.** Latita de Off wynns (135 m, 6b+). **13.** David García (210 m, 6c/A2). **14.** Sont Talen m'botte (190 m, 6c, 6b obl.). **15.** Borrokak Darrai (390 m, 7b+, 7a obl.). **16.** Nevelny chivika poezie (150 m, 7a+/A1). **17.** Secuestro mental (300 m, 7a (6c obl.). **18*.** La July de blair (200 m, 7a). **19.** El espolón Mapuche (200 m, 6a). **Descenso:** en rápel por la vía África, máx 35 metros. * Vías equipadas (el resto están semiequipadas o limpias, necesitaremos material de autoprotección).

Sector
Kefi Shop

7a+
7a
6b+
6b
6c+
6a
1

6b+
7a
6b
6c
6a+
2

6a
6b
6b
7c
8a
6b+
3

6a+
7a
7c
6c+
6a
6c+
7a
6
6
7b
4
6
6a
7
6a

7c
7c
6b+
6b
6c
6c
8
7a+
6b

6c+
6a+
6b+
6b
6b
9

PARED DEL PARAGUAS (Kefi Shop): 1. Gracias a la lluvia (200 m, 7a+, trad. Friends hasta n°4 y doble tallas medias, fisureros...). **2. Speleologie** (160 m, 7a, 6b obl. Equipada). **3. Snatch** (250 m, 6c+, trad. Friends hasta n°3, fisureros...). **4. Hilolaien Jain koa** (80 m, 7c. Semiequipada. No terminada). **5. Grande día** (150 m, 7c. Semiequipada, 15 cintas y friends. ¡Cuerda 70 m!). **6. Tsunami** (145 m, 7c. Equipada). **7. Le point final.** (Trad). **8. Los tambores del Rif** (210 m, 6b/A0, trad. 2 juegos friends hasta n° 2, cordinos, fisureros y cuerda 60 m). **9. J'aime les gens bones** (200 m, V+, trad). **Descenso:** por lo general en rápel por la misma vía).

Orientaciones
La pared de Talâat Adrousse, donde se encuentran las vías largas (Pared de Caiat, Pared de la Rueda y Pared de Gaza), tiene orientación oeste y recibe sol desde media mañana, en función del sector.

La Pared del Paraguas y Kefi Shop tienen orientación más sur y por tanto gozan de más sol durante el día.

Material necesario
En Talembote se puede ir a escalar deportiva equipada para la que solo necesitaremos algunas cintas exprés. Encontraremos vías de largos de entre 120 y 450 metros totalmente equipadas, pero también vías escalada de aventura tradicional para la que necesitaremos material

de autoprotección (friends, fisureros, cordinos, etc) e igualmente hay alguans vías de artificial de hasta 300 metros de longitud, para las que necesitaremos material específico.

Dormir
El Albergue La Rueda es un refugio popular entre escaladores, se encuentra en la base de muchos sectores; ofrece alojamiento sencillo y económico, además de información sobre las rutas disponibles (www.ruedacafe.com). En los últimos años la oferta en alojamientos y hoteles ha crecido mucho en la zona, con establecimientos como Caiat Lounge Refuge, la casa de huéspedes Akchour o la posada Cabe Iborja. También es posible acampar en áreas

Chefchaouen invita a perderse entre sus callejuelas azules y blancas, donde encontraremos todos los servicios.

cercanas, siempre respetando el entorno natural.

Dónde comer y comprar
El pueblo de Akchour (a unos 15 minutos en coche del Café la Rueda) cuenta con pequeños restaurantes y tiendas donde se pueden adquirir productos básicos. Sin embargo, es recomendable aprovisionarse en Chefchaouen, donde la oferta es mucho más amplia.

Regulaciones
La zona de escalada se encuentra inscrita en el Parque

PARED DE LA RUEDA (Drisdïüen): 1. Skopovy Sklivec (280 m, 6a, trad. Fisureros, friends...). **2. Hamam Públic** (7a. Semiequipada. Proyecto sin terminar). **3. La Héia (Serpiente)** (325 m, 7b+, 6b+ obl. Semiequipada: 2 juegos friends hasta n°2 + n° 3 y 4, fisureros). **4. Taghazout** (280 m, 8a, 6c obl. Equipada). **5. Tombouctou** (300 m, 7c+, 6c+ obl. Equipada). **6. Aceite Bereber** (semiequipada. Vía sin terminar). **7. Sahara** (245 m, 7b, 6c obl. Equipada). **8. Ciclón B** (240 m, 6b, trad. Friends 1 y 2 repetidos, fisureros...). **Descenso:** en rápel por la vía Sahara, máx 45 metros.

Nacional de Talassemtane, un territorio singular por la belleza de sus paisajes y por su gran biodiversidad, albergando más de 700 especies vegetales, de las cuales 47 son endémicas. Entre su fauna destaca el macaco de berbería. Actualmente la escalada no está regulada en la zona, pero es fundamental respetar el valioso entorno natural.

Otras recomendaciones

Chefchaouen es una ciudad preciosa de callejones azules y blancos, a solo una media hora en coche del Café la Rueda, donde hay todo tipo de servicios, hoteles y restaurantes. Perderse por las calles de su medina es una experiencia obligada.

El valle del Rif es conocido por sus plantaciones de kif y son productores de hachís y kiffi, por lo que no es raro que te ofrezcan estos productos en tu visita a Chefchaouen.

Más información

Para obtener croquis de las vías, el Café Rueda es un excelente punto de partida. Existe una guía de escalada que tienen allí, editada por Jean Marie Boimond (*Vallée de Talambote*) que incluye la mayoría de vías y sectores de la zona.

También puedes consultar la Association Caiat, que gestiona actividades de escalada en la región, así como guías locales para aquellos que busquen asesoría o tours guiados.

SECTORES DE ESCALADA

Entre los 42 sectores (sumando los deportivos y las paredes), destacan:

• **Kefi Shop:** conocido por sus chorreras y desplomes, es ideal para escaladores intermedios y avanzados. En este sector está la Pared del Paraguas, de unos 200 metros, con vías cinco estrellas como pueden ser *Grande día* (7c) o *Speleologíe* (6c).

• **Ratas:** es un sector deportivo. Una gran roca en un prado, al lado de la carretera, que tiene vías buenas por sus diferentes caras. Destacan líneas como *Na 3 hodiny* (7b) y *Pokrok nezatavis* (7b), con pasos técnicos y de bloque.

• **Sector Gaza:** esta pared ofrece vías de varios largos, con unos 200 metros de recorrido. Encontraremos vías icónicas como *Pueblo de Monos* y *Chewa chewa*. Son rutas perfectas para aquellos que buscan una primera toma de contacto con las paredes del Rif.

• **Pared de la Rueda:** es una pared desplomada de unos 300 metros, adornada con las más increíbles chorreras, con vías de dificultad equipadas como *Taghazout* (280 m 8a), que incluye una increíble chorrera de 40 metros, o *Sahara* (230 m,7b). Este estilo de vías se entremezcla con otras de corte tradicional en las que necesitaremos material de autoprotección, como *Ciclón B* (240 m, 6b) o *La Héia*

(325 m, 7b+), esta última una vía de auténtica aventura.

• **Pared de Caiat:** esta pared está compuesta de dos muros de unos 200 metros cada uno, cortados por una gran terraza, siendo el primero más vertical y de roca naranja, mientras que el muro de arriba es de roca caliza gris. Aquí se abrieron las primeras vías largas de la zona. Entre sus vías, *África* (450 m, 7a/+) es sin duda la reina del lugar, que lleva a la cima de la montaña con unos largos mantenidos y técnicos. También podemos combinar esta vía con otras salidas por el segundo muro de diversa dificultad.

Edu RECIO

Recopilamos en este artículo distintas zonas de escalada –principalmente deportiva, aunque también hay sectores de escalada de autoprotección y de bloque– que no tienen la relevancia de las presentadas de forma independiente, pero perfectamente sirven como destinos complementarios o para viajes en los que combinar el turismo con la escalada. Los mismos locales nos invitan a profundizar en todo lo que Marruecos tiene que ofrecer, dentro y fuera de la roca.

ROCA MARROQUÍ

PARA BUSCADORES DE LÍNEAS

**Oukaïmeden / Ain Belmusk / Gagou (Zuhelika) /
Oued El Abid (Aït Attab, Ouzoud) / Benslimane /
Valle de Takikest**

En pocos años Oukaïmeden se ha
convertido en la meca del búlder
marroquí, y cuenta también con
alguna ruta deportiva. Ben Christe
en *Privae Hellhooks* (6B).

FOTOS. JEREMY JONES / CLIMB MOROCCO

MARRUECOS lleva tiempo siendo un destino de escalada exótico, aventurero y de primer nivel mundial, que al mismo tiempo resulta muy accesible. A tan solo un vuelo low cost de 2-3 horas desde la mayoría de ciudades de Europa a Marrakech, Casablanca o Tánger, o simplemente cruzando en ferry los 14 kilómetros que separan la Península Ibérica del continente africano, puedes disfrutar de escalada en paredes de calidad, viajando en un ambiente seguro y sumergiéndote en una cultura fascinante y hospitalaria. Tan cerca y a la vez otro mundo...

Aunque lo primero que viene a la mente al hablar de la escalada en Marruecos son las gargantas de Todra y de Taghia, conocidas internacionalmente, la diversidad de su escalada es casi tan variada como sus paisajes. Desde la caliza del entorno de Akchour y las paredes de Talembote en el norte, a la escalada clásica sobre cuarcita que ofrece el macizo de Jebel El Kest y las rocas azules de Tafraut, al sur. En el entorno de Marrakech se encuentra Oukaïmeden, famoso por sus infinitos bloques de arenisca, o las paredes junto a la cascada de Ouzoud, así como otras zonas menos conocidas como Ain Belmusk, Gagou o Benslimane, en el entorno de Casablanca.

Si prefieres una experiencia alpina con nieve, hielo y mixto, en el Alto Atlas se yergue el Toubkal y sus montañas circundantes, que ofrecen una vida entera de rutas por descubrir, sin masificación y siempre a un paso de un delicioso tajine o couscous.

Los destinos principales para escalar los presentamos en artículos independientes en este número, mientras que aquí hacemos una recopilación de zonas que no son tan conocidas. Quizá no todas merezcan un viaje por sí solas, pero son una buena opción si nos encontramos por el país y queremos viajar y combinar distintos tipos de escalada. Algunas de ellas son recientes o se encuentran en pleno desarrollo, pues, al igual que en el resto del mundo, también aquí la escalada es

Arriba, en una de las vías de escalada deportiva equipadas recientemente en Oukaïmeden, que se unen a su oferta de casi 1500 bloques. A la derecha, en la pasada edición del Boulderfest, cuyo objetivo es el desarrollo de la zona, que tendrá su próxima edición en mayo de 2025.

TYLER LUNSFORD

Oukaïmeden Boulderfest

La zona acoge un festival internacional de escalada que incluye una competición de bloque, música en vivo y otras actividades con el objetivo de seguir desarrollando la escalada. La próxima edición, la tercera, será del 2 al 4 de mayo de 2025. Una oportunidad fantástica para compartir con escaladores de todo el mundo y disfrutar de una de las más bellas zonas de las montañas del Atlas. Información en su página de Instagram: @oukboulderfest

un deporte en auge. La información ha sido proporcionada en su mayor parte por los escaladores locales y desarrolladores de las zonas, a los que agradecemos su generosidad. Ellos mismos se muestran deseosos de dar a conocer sus joyas de piedra para que más escaladores y escaladoras se animen a visitarles, ayudando de esta forma al beneficioso impulso de la escalada en el país.

OUKAÏMEDEN,
con vistas
al Alto Atlas

Al pie del Alto Atlas, el pequeño pueblo de Oukaïmeden ofrece un entorno único para la escalada, con un espectacular paisaje rodeado de montañas. Está ubicado a unos 80 km al sur de Marrakech, a una altitud elevada (2700 m), por lo que es una buena opción para escalar en verano, cuando hace demasiado calor en otros lugares, si bien las mejores condiciones las encontraremos en primavera y otoño. Hay que tener en cuenta que la zona alberga también una estación de esquí y durante muchos días del invierno suele estar cubierta de nieve, por lo que no se puede escalar. Con todo, al estar orientado al sur, hay días soleados días de invierno en los que la roca se encuentra seca y se puede llegar

a tener una experiencia inolvidable, escalando rodeados de picos nevados. Hemos de tener en cuenta que es un entorno de alta montaña, por lo que puede haber cambios de temperatura bruscos.

Ofrece vías deportivas, que en su mayor parte son asequibles, siendo por tanto un lugar cómodo y relajado para escalar. Actualmente cuenta con una veintena de vías equipadas, distribuidas en cuatro cuatro sectores, que se encuentran uno al lado de otro. Son vías de un solo largo, la mayoría de grado bajo (hasta 6a+) sobre placas con buenos agarres, equipamiento deportivo y reuniones fiables.

Pero la zona es más conocida por sus oportunidades para el búlder, reuniendo ya casi 1500 problemas de bloques abiertos y potencial para muchos más. Las posibilidades infinitas de sus bloques de buena roca arenisca hacen que sea un destino especialmente atractivo para los buscadores de líneas, que disfruten siendo creativos y aportando sus propios movimientos en la roca. Su desarrollo comenzó sobre todo a partir de 2013, cuando nació el proyecto *Imik'simik* ("paso a paso" o "poco a poco" en lengua bereber), que celebra encuentros de escalada internacionales con la intención de seguir desarrollando el lugar.

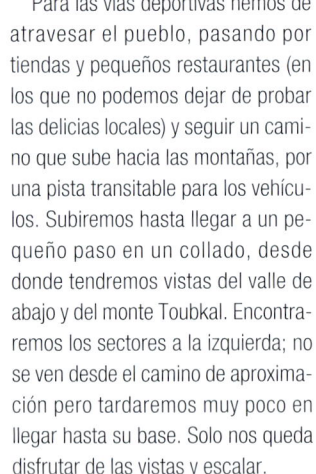

JEREMY JONES /TJ BRUMME

En esta página, dos perspectivas de la aguja de Borj Amdlou, de roca arenisca, ubicada en el entorno de Oukaïmeden. A la derecha, la zona de Gagou (junto al pueblo de Zuhelika), un cañón con roca cuarcita que cuenta ya con 50 vías y sigue en desarrollo.

Acceso: hay que llegar al pueblo de Oukaïmeden, al que se tarda aproximadamente 90 minutos de conducción desde Marrakech. Para ello, podemos alquilar un coche en la ciudad o bien viajar en taxi o en transporte público. Los sectores de bloque se encuentran diseminados en los alrededores.

Para las vías deportivas hemos de atravesar el pueblo, pasando por tiendas y pequeños restaurantes (en los que no podemos dejar de probar las delicias locales) y seguir un camino que sube hacia las montañas, por una pista transitable para los vehículos. Subiremos hasta llegar a un pequeño paso en un collado, desde donde tendremos vistas del valle de abajo y del monte Toubkal. Encontraremos los sectores a la izquierda; no se ven desde el camino de aproximación pero tardaremos muy poco en llegar hasta su base. Solo nos queda disfrutar de las vistas y escalar.
• GPS sectores deportivos: 31°11'48.9"N 7°52'07.3"W.
• GPS zona de bloque: 31°12'43.9"N 7°51'07.3"W

Información y alojamiento: existe una guía digital que recoge unos 800 problemas de bloque, con localización de sectores, fotos... Disponible en https://rakkup.com/guidebooks/oukaimeden-bouldering/
La asociación Imiksimik gestiona un alojamiento en el pueblo (un Chalet estilo alpino con habitaciones, des-

ayunos, uso de cocina...), ofrece información sobre la escalada y logística del viaje y alquila crashpads. Web: https://imiksimik.nl/

En el mismo pueblo también tenemos un refugio del CAF (Club Alpino Francés), además de varios hoteles y gîtes para alojarse.

Advertencias: las montañas que rodean Oukaïmeden son hogar de muchos pastores y miles de ovejas. Por esta razón, encontrarás algunas cabañas sencillas y estructuras de piedras para los animales en algunas áreas. Respeta esto y evita abrir bloques cerca de sus cabañas. Si te encuentras a algún pastor, puedes saludarle diciendo: *Salaam aleikoom, be gher, La bes* (la paz sea contigo, cómo estás, todo bien). Es tu propia responsabilidad y sentido de dignidad humana respetar a los pastores y su forma de vida.

BORJ AMDLOU

Existe otra opción en los alrededores de Oukaïmeden que consiste en una gran torre de arenisca llamada Borj Amdlou

("torre de nubes" en lengua bereber), de unos 15 metros de altura, con cinco vías equipadas que se reparten por todas sus caras. Estas rutas oscilan entre el 6a y el 7a+, pero desde los descuelgues se pueden escalar en top rope otras líneas más duras, que de momento son proyectos, que fácilmente pueden llegar al 7c o al octavo grado. Se encuentra en la carretera que lleva a Oukaïmeden, antes de llegar al pueblo. Después de unas curvas muy pronunciadas, hay un apartadero que sale a la izquierda, donde se aparca. Seguir caminando por la carretera unos 100-200 metros hasta divisar la torre en lo alto, a la derecha, y subir por caminos de cabra más o menos marcados, hasta llegar a la torre en unos 15 minutos.

• GPS: 31°13'22.7"N 7°49'47.1"W
Info: https://www.mountainproject .com/area/119378221/borj-amdlou

Jeremy JONES/ Tyler LUNSFORD

GAGOU (Zuhelika), potencial para deportiva y tradicional

A aproximadamente dos horas al norte de Marrakech, o bien a dos horas al sur de Casablanca, se encuentra un tesoro escondido para la escalada llamado Gagou, ubicado detrás del pequeño y tranquilo pueblo de Zuhelika. Es una zona relativamente nueva para la escalada, aún en desarrollo, que ofrece diversión tanto para escaladores principiantes como para más experimentados. Debido a su proximidad a Marrakech, a su hermoso paisaje y a su excelente escalada en roca cuarcita con variedad de relieves, Gagou se ha convertido en uno de los destinos favoritos de los escaladores locales en la actualidad.

Cuenta ya con unas 50 vías de escalada deportivas equipadas de un solo largo, y cinco de ellas tienen además también un segundo largo con chapas. Los grados oscilan entre el IV y el 7c+. El equipamiento es generoso y las chapas de calidad, con seguros sólidos, reunión con cadena y anilla en los descuelgues. Aunque podremos hacer la mayoría de las vías con cuerda de 60 metros (pues no superan los 30 m), en algunas de ellas precisaremos llevar cuerda de 70 metros, o bien llevar dos cuerdas para los descensos.

Tiene además mucho potencial no solo para nuevos equipamientos, también para la escalada tradicional de autoprotección, con excelentes fisuras. Igualmente tiene posibilidades para el búlder, con buenos bloques para proyectar debajo de la pared principal, junto al río, así como en la parte superior, tras una pequeña trepada por el arroyo.

FOTOS. JEREMY JONES

El cañón de Ain Belmusk, a medio camino entre Marrakech y Casablanca, es un lugar perfecto para acampar y disfrutar de unos días de escalada relajada. Suma unas 30 vías deportivas equipadas y tiene potencial para nuevas aperturas.

FOTOS: JEREMY JONES

buena calidad y llena de relieves y fisuras, en un entorno idílico, junto a un pequeño río. El lugar es perfecto para acampar y disfrutar de unos días de escalada relajada. Encontramos vías deportivas equipadas con chapas, así como muchas oportunidades para rutas de escalada limpia en diedros y chimeneas. Aunque es una zona pequeña en comparación con otros grandes destinos, merece la pena una visita si pasas cerca, tanto para escalar las vías ya equipadas como si quieres abrir nuevas rutas en un entorno agradable y con buena roca.

Actualmente cuenta con unas 30 vías deportivas con chapas, con grados que van desde el IV al 7b. La roca es sólida, con una textura y estilo realmente interesante, bastante técnico, por lo que los grados se pueden percibir un poco "apretados", más duros

Acceso: hay que llegar conduciendo hasta el pueblo de Zuhelika, atravesarlo y aparcar junto al río, a la salida del pueblo. Al otro lado del río tenemos la zona de escalada.
• GPS: 32°40'38.5"N 7°38'44.7"W

Información y alojamiento: el mejor lugar para conseguir croquis y más información es en el rocódromo Atlas Elevation de Marrakech. Uno de sus encargados es instructor de escalada local del pueblo de Zuhelika y recientemente ha desarrollado un pequeño alojamiento para escaladores y una zona de camping en Gagou.

También puedes conseguir información en la sede del Club Alpin Français (CAF) de Casablanca, que históricamente también ha estado involucrado en gran parte del desarrollo de esta zona. Su web: https://cafmaroc.ffcam.fr.

Recomendaciones: Los habitantes de Zuhelika son muy amables, amigables y hospitalarios con los escaladores. Animamos a los visitantes a mostrar respeto y amabilidad tanto hacia los aldeanos como hacia la zona de escalada. Recuerda llevarte tu basura y no dejar rastro.

Jeremy JONES/ Tyler LUNSFORD

AIN BELMUSK, un tranquilo cañón de cuarcita

Relativamente cerca de la zona anterior (Gagou), a mitad de camino entre Marrakech y Casablanca (a una hora y media de distancia de ambas ciudades), encontramos Ain Belmusk (o Aïn Belmesk): una zona escalada única y tranquila, en un lugar que no esperarías encontrar algo así. Se trata de un cañón de roca tipo cuarcita/mármol, de

FOTOS: OTHMAN ETTAQI / ATLAS ELEVATION

de lo que marca la reseña, precisamente por su particular estilo de escalada, en general bastante a bloque. Es un buen sitio para buscarse proyectos.

No hay pueblos ni hay alojamientos en la misma zona de escalada, pero encontraremos un buen lugar para aparcar y acampar junto al río, en un bosque antes de entrar al cañón donde se encuentra la zona de escalada. Como siempre, por favor respeta el entorno, llévate tu basura y no dejes rastro.

● GPS de la zona: 32°40'40.1"N 7°40'60.0"W

Información: hay una guía digital disponible en la plataforma Rakkup: https://rakkup.com/guidebook/ain-belmusk-rock-climbing-morocco

Jeremy JONES/ Tyler LUNSFORD

ATLAS ELEVATION en Marrakech, punto de encuentro

Lo más habitual para comenzar tus vacaciones de escalada en Marruecos es volar a Marrakech y establecer tu campo base en esta bulliciosa ciudad, donde también puedes disfrutar de la historia, la gente, la cultura y la gastronomía local. Aquí se ubica el primer gimnasio de escalada de Marruecos, el Atlas Elevation, inaugurado en 2021 y que se ha convertido en un centro de información, entrenamiento y

desarrollo de la escalada en el país, punto de encuentro especialmente para los escaladores marroquíes. Es un excelente lugar para obtener más información y conocer a otras personas mientras planificas el resto de tu viaje.

Aquí puedes conectarte con la comunidad local de escaladores, disfrutar de su delicioso café de tueste especial y escalar tanto bloque como con cuerda. Tienen a la venta guías de las zonas locales; también disponen de material de escalada y alquilan crashpad, muy útil si planeas explorar zonas como la cercana Oukaïmeden. Además, si te apetece compartir con los locales, organizan salidas de escalada en grupo.

Más información:
www.atlaselevation.com
@atlaselevation

NORADOA / ADOBESTOCK

OUED EL ABID (Aït Attab–Ouzoud), junto a la cascada

Esta es una de las zonas más recientes desarrolladas para la escalada deportiva en Marruecos, ubicada al noroeste del Alto Atlas, al unas 3 h de Marrakech, en dirección a la ciudad de Beni Mellal. En concreto se escala en el cañón de Oued El Abid, que está entre los pueblos de Aït Attab y Ouzoud. Por este motivo algunos escaladores se refieren a la zona nombrando bien los pueblos cercanos o bien el mismo cañón. Lo que más se suele utilizar es «Aït Attab».

En realidad Aït Attab es un poblado pequeño que no ofrece muchos servicios para un turista o escalador (en cuanto a comida, alojamiento o compras), pero Ouzoud tiene varias opciones para alojarse y bastantes restaurantes y tiendas para cubrir tus necesidades más básicas. Esto se debe a que Ouzoud está construido

en torno a la famosa cascada que lleva el mismo nombre, y se encuentra a unos 20 min de los sectores más populares.

El desarrollo aquí es reciente, por lo que todavía hay una cantidad limitada de vías, pero el potencial es enorme. La roca es caliza, de calidad de aceptable a buena, con chorreras y agujeros. Recuerda que es una zona "nueva", por lo que algunas vías no están todavía muy hechas. Además, los senderos no están demasiado marcados, así que puede ser una pequeña aventura encontrar los sectores la primera vez. Ten paciencia y sigue tu instinto de escalador.

Los primeros en desarrollar la zona fueron David y Malika Guérin, quienes en 2017 formaron la asociación *Myrock* para el desarrollo de la escalada, con una filosofía de colaboración con las comunidades locales. Ese mismo año contactaron con Arnaud Petit y Stéphanie Bodet (habituales de Taghia), quienes corrieron

la voz sobre el potencial de la zona. De 2017 a 2019 acudió un primer grupo de escaladores potentes, con Théo Denier como principal desarrollador, que equiparon medio centenar de vías, muchas de ellas de 7° y 8° grado.

Personalmente, la primera vez que oí hablar del lugar fue cuando Arnaud Petit me recomendó ir a conocerlo hace unos años. Luego llegó el covid... Hemos estado escalando y equipando un poco allí las úl-

La cascada de Ouzoud (izda) está cerca de la zona del cañón de Oued El Abid (abajo, vista de este cañón al cruzar el puente). A la derecha, el escalador local Pierre-Yves Barailler 'Pierro' en *Jour de Souk* (7c), en el sector Naima&Fatiha.

timas dos temporadas, ya que es la zona de escalada deportiva más cercana a Marrakech (donde suelo vivir durante los meses de invierno). Aunque ha habido algo de fricción con las autoridades locales en el pasado, no dejes que esto te desanime; Marruecos no siempre se muestra muy abierto a nuevas actividades en áreas remotas, pero recuerda que la gente lleva escalando en lugares como el Todra desde los años 70. Espero volver este invierno, ya que tengo un proyecto en mente, más adentro del cañón. Lo que me gusta de este lugar es que es remoto, tranquilo y, fuera de Ouzoud, poco turístico.

Probablemente no planearía un viaje exclusivamente a esta zona, a menos que seas un equipador apasionado. Puede ser una buena escapada en un viaje general a Marruecos, ya que no está tan lejos de Marrakech. También se puede combinar con un viaje a la más famosa Taghia, pues está en la misma dirección.

Cómo llegar: la mejor opción es ir en coche desde Marrakech, por la carretera N8 dirección Beni Mellal hasta desviarse por la P3105 hacia Aït Attab. Hay que pasar el pueblo y seguir por la misma carretera unos 14 km más, cruzar el puente Oued El Abid y, tras unas curvas, se llega al cañón del mismo nombre, donde están los sectores de escalada.

Está a solo 170 km de Marrakech, pero te llevará unas 3 horas en coche. Desde Casablanca son unas 3,5 horas (230 km) y desde Azilal, en la bifurcación de la carretera N25 que va hacia Taghia, se tarda unos 45 minutos (25 km).
• GPS parking: 32°02'59.7"N 6°40'42.9"W

FOTOS: JONATHAN ISBECQUE

OUED EL ABID

Sectores y escalada: Desde el aparcamiento, de frente al cañón, hay que ir un poco a la izquierda y hacia abajo. A unos 10 min encontramos el primer sector. Es uno de mis favoritos, además de Fantasia y Complément à l'Oued. Tienen orientaciones sur y este. GPS de los sectores en el QR.

Escalada: actualmente hay unas 50 vías equipadas; la mayoría de sexto y séptimo grado. Hay menos de diez vías de cuarto y quinto grado, y algo más de una decena de octavo.

La roca es caliza, de calidad aceptable a buena, con chorreras y agujeros. La longitud media de las vías es de 20 a 30 metros (vas bien con una cuerda de 70 m), pero atención porque algunas vías superan los 45 m, por lo que necesitarás una cuerda de 80 m.

Material: las vías tienen equipamiento deportivo. Necesitaremos unas 15 cintas exprés, cepillo y mosquetones extra por si hay que reforzar las reuniones. Casco fundamental.

Mejor época para escalar: de septiembre a abril (incluso en diciembre/enero está bien).

Alojamiento: en Ouzoud encontrarás todo tipo de alojamientos, desde hoteles 5 estrellas hasta habitaciones simples. Si buscas algo económico, asegúrate de revisar bien el lugar antes de aceptar. Y regatea. Si ya has estado en Marrakech o en otros lugares de Marruecos, sabes aproximadamente cuánto debería costar una habitación (en torno a los 100-200 DH por persona/habitación). Generalmente puedes llegar sin reservar, a menos que sea una fecha de vacaciones muy popular. Para acampar con furgoneta la regulación es un poco ambigua, pero en los aparcamientos de Ouzoud por lo general no suele haber problema.

A la derecha, distintas perspectivas de la Cueva de Benslimane, con una treintena de vías (del total de 70 de la zona), y Damien Lagarrigue intentando una de las más codiciadas: *Prise de tête* (8a). Abajo, Pierre-Yves Baraillier en otra buena vía con chorreras de Aït Atab.

FOTOS: JONATHAN ISBECQUE

Si buscas un sitio más tranquilo, hay una casa de huéspedes en Tisqi, un pequeño y auténtico pueblo en el lado derecho del cañón: Chez Fatiha Rhindi (tel y whatsapp: +212 6 58 53 21 68). Pero no está siempre abierto, mejor reserva previamente con Fatiha.

Comida: puedes comprar snacks, frutas, etc, en las tiendas de Ouzoud, donde también encontrarás muchos restaurantes de calidad variada. El cuscús y el tajine son los platos más habituales, pero recuerda que pueden tardar en prepararse... Si no quieres esperar mucho cuando regreses por la tarde, encarga la cena por la mañana antes de ir a escalar.

Regulación y más información: no hay regulaciones oficiales a la escalada en la zona. Es posible que las autoridades te soliciten identificación, pero nada más. Si te encuentras con cualquier problema, lo mejor es contactar con la asociación Myrock, que trabaja para el desarrollo de la escalada y está en contacto con las autoridades locales: myrock.cooperation@gmail.com y tel/whatsapp: +33 7 71 27 11 71 (David y Malika Guerin). Para nuevos equipamientos has de contactar con la asociación y conseguir la autorización. Cuidado con los "falsos guías", que de forma ilegítima pueden intentar aprovecharse; no te fíes de nadie que se presente como "autoridad de la escalada", porque no existe esa figura. La única autoridad es el *Caïd* (alcalde) de Aït Attab, que está en contacto con Myrock.

Otras recomendaciones:

- Aunque escales en shorts durante el día, asegúrate de llevar ropa de abrigo para las tardes. Además, algunos de los alojamientos más simples no tienen calefacción; lleva siempre un saco de dormir cuando viajes a Marruecos en invierno.
- Al conducir, respeta límites de velocidad, hay policías por todas partes.
- Los mercados en Ouzoud y Aït Attab son los miércoles.
- El idioma de los locales es el Darija (árabe marroquí), Amazigh (bereber), así como algo de francés y muy poco inglés. Pero siempre te las arreglarás para comunicarte de alguna forma.
- Sé curioso, Marruecos tiene mucho que ofrecer aparte de la escalada.

Saïd BELHAJ (y colaboración de Jonathan Isbecque)

BENSLIMANE, caliza y surf

Benslimane es la zona de escalada más cercana a la capital marroquí, Rabat, situada a medio camino entre esta ciudad y Casablanca. Fue desarrollada por el Club Alpin Français (CAF) de Casablanca en los años 70. La roca es una caliza de muy buena calidad. La mayoría de los sectores son placas grises, pero también hay una cueva naranja muy buena con algunas chorreras.

La Cueva de Benslimane ha sido utilizada por el hombre desde hace siglos, tal y como han demostrado algunas excavaciones arqueológicas. Yo empecé a equipar la primera vía en la Cueva de Benslimane en 2004, cuando estaba en mi último año de instituto en Casablanca. Quería tener un proyecto duro cerca de casa, porque en ese momento, para encontrar vías de octavo grado tenías que ir a Todra o Amellago. Después del instituto, me mudé a Europa para continuar mis estudios, y el equipamiento quedó sin terminar durante 16 años. Por fin, el 4 de noviembre de 2020, terminé de limpiar y equipar la vía, a la que puse el nombre de *Prises de Tête*, y después de 4 repeticiones, tiene un grado consensuado de 8a.

Durante 2020 y 2021 desarrollamos mucho más la Cueva de Benslimane (The Cave), que hoy en día tiene 31 vías, desde 5b hasta un proyecto de 8b/c, y el equipamiento sigue en marcha. La cueva es quizás el sector

más interesante, con equipamiento y estilo de escalada moderno, muy desplomado, pero es solo uno de los 6 sectores diferentes que encontramos en Benslimane, con un total de aproximadamente 70 vías. En los otros sectores el equipamiento y el estilo son más *old school*, vertical o plaquero, pero también hay buenas vías.

Además, en el plateau o meseta de la parte superior hay una zona de bloque con algunas líneas interesantes, así que si tienes un crashpad, definitivamente deberías ir a conocerlo. Desde aquí arriba también puedes rapelar hasta la cueva, si te gusta la sensación de la espeleología. Eso sí, durante los fines de semana, hay mucha gente que viene a hacer picnic y a jugar al fútbol, y también muchos turistas locales que van a hacer senderismo y visitar la cueva. Así que,

si quieres condiciones tranquilas para intentar tu proyecto, ¡mejor evita el domingo!

Cómo llegar: Dede Casablanca se tarda 1h15min conduciendo (65 km), por la carretera paralela a la costa (A1) y después por la R313 hasta Benslimane. Dede se tarda Rabat unos 55 min (50 km) y desde Marrakech 3h30min (300 km).
• GPS Parking: 33.656816, -7.010179 (33°39'24"N, 7°00'36"W)

Aproximación a los sectores: Durante el fin de semana, hay un guarda para el aparcamiento, y también algunas mujeres que preparan té y crêpes locales para los visitantes. Así que tu coche estará súper seguro. No olvides darle 10 dirhams al guarda.

Solo se tarda unos 15 minutos en llegar a la Cueva desde el aparcamiento. Cruza el Oued Cherrat (un pequeño río, seco la mayor parte del tiempo) para situarte en el lado

derecho del río, camina hacia el Este y sube la colina que tienes frente a ti por un pequeño sendero que va hacia el Norte, a tu izquierda. Cuando llegues a un collado entre dos picos, lo cruzas y sigues caminando a la izquierda. Desde allí, todos los caminos te llevarán a la Cueva, muy evidente a tu izquierda, a unos 3 minutos caminando después del collado. El resto de sectores están en los alrededores.

Escalada: La roca es caliza de buena calidad. Hay unas 70 vías divididas en 6 sectores, pero hay protencial para mucho más. Los grados van desde el 5a hasta 8b/c y proyectos. Hay escalada desplomada pero incluso en The Cave encontrarás

En esta imagen, Finn Phillips en el primer largo (7b+) de *Ara Goro* (8b+ hasta la R2), una *king line* equipada por Saïd Belhaj Cueva de Ahmed (Valle de Takikest), y a la derecha panorámica de esta cueva. Abajo, Jonathan Isbecque en el paso clave de *Prise de tête* (8a), equipada por él mismo en la cueva de Benslimane.

vías de grado asequible, líneas verticales de quinto y sexto grado muy agradables.

Mejor época: se puede escalar todo el año excepto el verano (evita de junio a septiembre, ambos incluidos). Predomina la orientación Este (en The Cave y La Paroi Ecole) y Oeste (La Paroi des pigeons y La Paroi rouge). La zona solo está a 120 metros sobre el nivel del mar.

Equipamiento: El sector The Cave está equipado con parabolts de 10 mm; equipado por mí (Jonathan Isbecque), Pierre-Yves Barailler, Damian Lagarigue y un escalador italiano que no recuerdo el nombre. En otros sectores puedes encontrar anclajes químicos en vías equipadas por Christophe Lecorre en 2016, quien estuvo reequipando muchas vías e hizo muy buen trabajo.

También Manu Debuchere reequipó La Paroi rouge en 2003-2004, y Philippe y Marc, del CAF de Casablanca, también hicieron trabajos de equipamiento en algún momento.

Generalmente encontrarás las reuniones en buen estado, con los seguros del descuelgue conectados con una cadena o con cintas y un maillon.

Agua: Hay que llevar agua embotellada, que puedes comprar en tiendas en los pueblos de Benslimane, Bouznika o Skhirat, pero no encontrarás otros sitios para coger agua desde aquí a la zona de escalada.

Alojamiento: la aplicación Park 4night te permite la opción de dormir con tu furgoneta en el aparcamiento. También puedes acampar con tienda por los alrededores. Si buscas alojamiento, hay posibilidades en los pueblos de Skhirat, Bouznika o Benslimane. En el campo de Benslimane hay unos agradables bungalows turísticos en medio de un olivar, a solo 20 minutos de la zona de escalada; contacta con Esprit Vertical para más información (contcat@ espritvertical.com, whatsapp: +212767897609).

Compras: no hay tiendas cerca de la zona de escalada. Para comer barato y bien encontrarás muchos restaurantes y tiendas en Benslimane.

No es un pueblo nada turístico, así que encontrarás precio local muy barato. Si te gusta el pescado y el marisco, o la carne a la brasa, el centro de Bouznika es un lugar en el que encontrarás felicidad.

Otras recomendaciones: Benslimane es un buen lugar si quieres combinar escalada en roca con surf en el mismo día. En el sector The Cave se escala bien a partir de las 14h dada su orientación este, así que ¡qué mejor plan que empezar el día cogiendo unas olas en Bouznika y seguir con una sesión de escalada en Benslimane!

Más información: de momento no hay nada publicado, pero puedes

FOTOS: JONATHAN ISBECQUE

contactarme directamente (Jonathan, tel +212767897609 y mail: isbecque.jonathan@gmail.com).

En el sitio de Camptocamp puedes encontrar algo, y también habrá información próximamente en la web www.maroclimbing.com (actualmente en construcción).

Jonathan ISBECQUE

VALLE DE TAKIKEST, escalada todo el año

¡Bienvenido al norte de Marruecos, en las Montañas del Rif, en la costa mediterránea! Esta región tiene un gran po-

tencial para la escalada deportiva moderna, con un montón de preciosas paredes de caliza desplomada llenas de chorreras, como las que se encuentran en España, Francia, Grecia o Turquía. En mi opinión, las montañas del Rif son el futuro de la escalada en Marrue-

cos. Primero, por el estilo moderno de la escalada, y segundo, porque aquí se puede escalar casi todo el año, mientras que en otras regiones del país hace demasiado calor entre primavera y otoño.

El Valle de Takikest es una de las zonas de escalada más

recientes en Marruecos. Las primeras vías nacieron en la Cueva de Ahmed, equipada por Florent Leydet, Nick Weicht y Daniela Feil a principios de febrero de 2023, quienes equiparon 6 vías de sexto grado en la parte izquierda de la cueva. También Saïd Belhaj añadió una vía dura en la parte derecha de la cueva (7b hasta la primera reunión y 8b+ hasta arriba). Contacté con ellos, fui a verlo y me enamoré del lugar. Después he vuelto varias veces y he contribuido a los equipamientos. En junio de 2023, con Deborah, añadimos dos rutas (7b y 7c). En diciembre de 2023, con Julius, Eva y Ester, abrimos un nuevo sector que llamamos La Forteresse, en la que equipamos 7 vías (desde 5+ hasta un proyecto de 8b/c). En marzo de 2024, con Carlo y Finn, abrimos un sector de iniciación que llamamos Le Caroubier, con 6 vías fáciles en el quinto grado. Durante el mismo viaje, Saïd Belhaj se unió a nosotros y volvimos a equipar más en la Cueva de Ahmed, donde añadimos 4 vías (desde 7a+ hasta un proyecto que estará en torno al 8c). Yo equipé este proyecto, al que llamé *Laboureur du ciel*, que va por todo el centro de la cueva, con un recorrido de 55 metros que

FOTOS: CORTESÍA ESPRIT VERTICAL

A la izquierda, Jonathan Isbecque, guía de escalada y gerente de *Esprit Vertical*, con Saïd Belhaj (escalador profesional, de origen sueco-marroquí), en las labores de equipamiento.
A la derecha, Debora Ungureanu, de Rumanía, escalando su primera vía equipada por ella misma: *Serendipity* (7b), en el Valle de Takikest.

Cómo llegar: Desde Oued Laou, toma la P4105 en dirección a Chefchaouen. Cuando llegues a Chroda, a unos 10 km del centro de Oued Laou (cerca de un camping), gira a la derecha por un camino pequeño que comienza hacia el oeste, en dirección al atardecer. Conduce 5 minutos más (3 km) para llegar al estacionamiento del primer sector de escalada.
• GPS parking: 35.38499, -5.205211 (35°23'05''N, 5°12'18''W).
    Se tarda aproximadamente 20 minutos de conducción desde Oued Laou; 1h desde Chefchaouen y unas 2h desde Tánger (115 km).

Acceso a los sectores: Cuando entres al Valle de Takikest, después de 5 minutos conduciendo, verás la enorme Cueva Ahmed a lo lejos, en lo alto a tu izquierda. Para llegar a ella, estaciona tu coche a 3,2 km de la intersección con la P4105, a la izquierda de la carretera, frente a una pequeña casa blanca al otro lado del río. Después tienes que bajar, cruzar el río (seco 10 meses al año) y encontrar un buen camino que sube en dirección al este. Camina 10 minutos y encontrarás la gran cueva a tu derecha.

Mejor época: la mayoría de las paredes del Valle de Takikest tiene orientación norte o noreste, así que se puede escalar a la sombra prácticamente todo el año. En el verano hace más calor pero se puede escalar a la sombra, además de combinarlo con un baño en los ríos y pozas cercanas (y es cuando las frutas maduran). Solo está a 100 m de altitud.

Esprit Vertical

Activa y fiable agencia de actividades de ocio en la naturaleza en Marruecos, que organiza viajes y jornadas de escalada, barranquismo, trekking... Fundada por Jonathan Isbecque en 2010, apasionado montañero y escalador nacido y criado en Casablanca, que completó su formación en Francia, donde obtuvo su titulación de guía de escalada y barranquismo. Es también un entusiasta desarrollador de las zonas de escalada.
Toda la información en:
www.espritvertical.com
    Actualmente tiene el proyecto de desarrollo de la web www.maroclimbing.com, en la que recopilará la información de distintas zonas de escalada de Marruecos (ya activo en Instagram: @maroclimbing).

MAROCLIMBING

sigue esperando a un escalador fuerte para que se lleve la primera. La primera parte no tiene la mejor roca, pero la segunda (un techo horizontal) y la tercera (escalada técnica y vertical) son de caliza 5 estrellas.
    Dado que el número de vías aún es bajo, un viaje al Valle de Takikest se podría combinar con una visita a Caiat (Talembote), un baño en las bonitas playas de la costa mediterránea y una visita a la famosa ciudad azul de Chefchaouen.
    No hay tiendas de escalada por la zona, así que asegúrate de traer suficiente magnesio, cuerdas de mínimo 80 metros porque algunas vías son largas, y no olvides tu casco, ya que las vías son nuevas y aún esta-mos limpiando con los pocos escaladores que vienen. ¡Necesitamos más gente para probar las rutas! Algunas primeras ascensiones están esperando, y algunas vías ni siquiera han sido intentadas todavía, así que no olvides tu cepillo para limpiar y tu cabeza para encontrar la buena «beta» o secuencia de movimientos.

Escalada: Hoy en día, hay 26 vías repartidas en 3 sectores: 13 en la Ahmed Cave (de 6b a 8c), 7 en La Forteresse (de 5+ a un proyecto de 8c) y 6 en Le Caroubier (de 5a a 5c). La cantidad de vías es limitada, pero el potencial es enorme. Hay muchos desplomes con chorreras pero también vías verticales con agujeros e incluso vías más fáciles en placas.

Equipamiento: los sectores deportivos de Ahmed Cave y La Forteresse están equipados con parabolts de 12 mm, de acero inoxidable la mayoría; mientras que Le Caroubier está equipado con anclajes químicos, para asegurarnos que nadie vaya a llevarse los anclajes (uno de los juegos favoritos de los niños por aquí). Las reuniones suelen tener cadena o cintas con maillon.

Agua y comida: no hay fuentes de agua potable en el valle. Lo más recomendable es comprar agua embotellada, en el Coffee Place, a unos 10 km por la P4105, o en las tiendas.

Hay dos pequeñas tiendas en el mismo Valle de Takikest, justo después del sector La Forteresse, en el pequeño pueblo de Kalakbaa.

Si quieres comer barato, también puedes encontrar muy buenos bocadillos en Oued Laou, en la misma calle del hotel Oued Laou. Por 20 dirhams (alrededor de 2€), puedes conseguir una gran baguette llena de todo (vegetales, huevos, carne, etc.) y patatas fritas. Oued Laou es también una excelente ciudad si te gustan los pescados y mariscos, especialmente las sardinas asadas locales, ¡por 10 dirhams puedes llenar el estómago!

Alojamiento: hay un camping en Chroda (en la P4105) y también tienes el acogedor Hostel Oued Loau, en el centro de Oued Laou, frente a la

FOTOS: JONATHAN ISBECQUE

playa (contacto: Mehdi +212 639 862 859), donde la habitación para 2 personas cuesta 150 dirhams. También puedes alquilar habitaciones en el Valle de Takikest, contactando a Jonathan (+212 767 897 609, isbecque.jonathan@gmail.com).

O está la posibilidad de ir a los alojamientos de la zona de Caiat/ Talembote (Café Rueda, Albergue Rouge Caiat...), que está a unos 30 minutos.

Restricciones: actualmente no hay restricciones oficiales a la escalada. Por favor, respeta la fauna, flora y todo el entorno para preservarlo y poder seguir desarrollando la escalada en este privilegiado lugar.

Más información: por el momento no hay croquis publicados, pero

puedes contactarme directamente (Jonathan +212 767 897 609, isbecque.jonathan@gmail.com). También próximamente actualizaremos la web www.maroclimbing.com (actualmente en construcción).

Si quieres venir a equipar, eres más que bienvenido para ayudar, pero te recomiendo que te pongas en contacto conmigo, ya que Marruecos no es un país fácil, y estamos intentando mantener buenas relaciones con las autoridades.

Jonathan ISBECQUE

Otras zonas de escalada

Además de las aquí reseñadas, Marruecos guarda otros rincones ávidos de la llegada de esca-

ladores para poder seguir creciendo y consolidándose. Entre ellas, zonas como Amellago, cercana al Todra, con vías deportivas sobre buena roca caliza, con chorreras, desplomes y placas. También está el cañón volcánico de Ait Saoun (cerca de Ouarzazate), donde encontrarás vías de largos y de autoprotección. Saca tu espíritu aventurero para descubrir todo lo que Marruecos tiene que ofrecerte, y recuerda que aquí la escalada estará siempre ligada a una convivencia con una cultura muy diferente. Viaja siempre con los ojos, la mente y el corazón abiertos.

Redacción DESNIVEL

TAFRAOUT

GRANITO Y CUARCITA DE ENSUEÑO

Entre las montañas del Anti-Atlas, al sur del país, en un exuberante valle de palmeras, salpicado de almendros y de surrealistas rocas de colores, se encuentra este imprescindible destino para la escalada marroquí. Con una tradición de décadas, acumula ya unas dos mil rutas y sigue contando, con predominio de la autoprotección en vías de uno y de varios largos.

EL *Joshua Tree marroquí* es el título que llevaba uno de los primeros artículos que salió publicado en la revista sobre Tafraout, y es que sus grandes bolos y placas de granito irremediablemente evocaban a esa meca de la escalada californiana. Un tipo

James Cowley en Azules de Vergara *(HVS 5a en escala británica, o 5+ francesa) en las Painted Rocks o "Rocas Pintadas" de Tafraout. Arriba, uno de los pueblos tradicionales del valle de los Ammeln, con casas coloridas.*

de roca y de escalada que es muy diferente a la pinchuda caliza que abunda en las zonas de renombre de Marruecos, como los cañones de Todra o de Taghia.

Ubicado en el corazón del Anti-Atlas, la cordillera más meridional del país, Tafraout (o Tafraoute) ya era un lugar conocido antes de ser destino de escalada. Especialmente se puso en el mapa del turismo a mediados de los años ochenta del siglo pasado, cuando el artista belga Jean Vérame realizó una intervención artística pintando de colores –sobre todo tonos

azules, verdes y violetas– rocas de gran tamaño en los alrededores, ofreciendo un llamativo contraste con el paisaje. Aunque la actuación no estuvo exenta de polémica, tuvo como innegable consecuencia el aumento de visitantes y curiosos a la zona. En años posteriores algunas de estas piedras han sido repintadas, recuperando su llamativo color original.

Sus impresionantes paisajes, que adquieren tonos surrealistas en función de la luz que reciban, mezclado con la autenticidad de sus casas tradicionales y sus

Arriba, Jeremy Jones haciendo búlder en las rocas pintadas, junto al poblado de Aousift; una intervención artística de los años 80 que sigue atrayendo tanto a turistas como a escaladores.

Kasbahs (fortalezas), que ponen de relieve la importancia histórica y estratégica de la región, contribuyó a engrandecer su popularidad.

Tafraout y su población bereber han desarrollado una profunda conexión con las montañas que les rodean, las cuales han garantizado durante siglos un suministro constante de agua, en una región de clima semiárido. Además, la riqueza de su flora y fauna ha ofrecido terrenos de caza fructíferos para sus habitantes, lo que ha facilitado el crecimiento inicial y sostenido de Tafraout como un asenta-

miento importante en la zona. También el lugar lleva años siendo una ciudad vacacional para muchos marroquíes provenientes principalmente de Casablanca, que tienen en esta región de bellos paisajes su segunda residencia.

El significado de la palabra Tafraout en bereber es «cuenca o cisterna en la que el agua extraída de un pozo es derramada», simbolismo que alude a un valle, y es que la ciudad está situada en un estrecho valle, al pie de las montañas. El Valle de los Ammeln, hogar de la comunidad bereber de los Ammeln, ofrece un contraste impresionante de verde exuberante contra las rocas desérticas de las montañas, salpicado de almendros y palmeras, con pequeños pueblos tradicionales que parecen suspendidos en el tiempo. La región

es conocida por mantener intactas sus tradiciones bereberes, brindando al visitante su conocida hospitalidad, amabilidad y confianza.

Escalada limpia británica

Entre los primeros que miraron las rocas y paredes circundantes con ansias de subirse por ellas fueron escaladores ingleses, que ya en los años 60 saciaron su deseo en la pared conocida como *Tête du Lion* (Cabeza del León), una particular formación de granito que domina el valle. Fieles a la tradición británica, abrieron vías de autoprotección en las que dejaban poco rastro de su paso.

La fama del lugar no tardó en extenderse en las décadas siguientes, atrayendo principalmente a escalaores británicos y

CHRISTIAN RAVIER

COL JEREMY JONES

STEVE BROADBENT

franceses, que siguieron desarrollando el lugar para la escalada. Entre los escaladores españoles que dejaron su huella por la zona en forma de vías equipadas, especialmente en los años 90, están Francisco Blanco, Finuco, Carlos Ruiz 'Snoopy', Miguel Ángel Lozano 'Sherpa' o Juan Luis Monje, a los que se sumaron el potente equipo formado por Dani Andrada, Pedro Pons y Ruth Planells a finales de esa década (publicaron un artículo de su viaje y las vías que habían escalado en la revista *Escalar* nº 12, en septiembre de 1999). Por aquellos años estas rocas acumulaba medio centenar de vías deportivas, una cifra que ha crecido exponencialmente. En la actualidad ofrece en torno a las 2000 líneas, bien de uno o de varios largos, tanto en el granito

Arriba, el macizo de Jebel Kest, en el que se puede apreciar la "Cabeza de León". El granito ofrece tanto placas de calidad (arriba, Jeremy Jones en el Yelmo Carpantónico) como buenas fisuras: izquierda, Katja Broadbent en *Desert Lightning* (E3 5c / F6b+).

de Tafraoute como en las montañas de los alrededores, en las que predomina la roca cuarcita.

Cuatro zonas principales

Aunque durante los primeros años se asociaba la escalada de Tafraout a sus piedras de granito, hoy en día la variedad que ofrece es muy superior, con numerosos sectores deportivos y grandes paredes de hasta 800 metros con vías de aventura. En líneas general, se puede dividir la región en cuatro zonas principales de escalada:

Arriba, Eric Bellot en la fisura de *Tizgut crack* (6b), y a la derecha, el mismo escalador en la *White Tower* (200 m, 6a); ambas paredes del Ameln Valley. Abajo, la fabulosa fortaleza Kasbah Tizourgane, en la vertiente norte del macizo del Jebel Kest.

Jebel Taskra: el paso montañoso de Tizi N'Takoucht recorre el lado noreste de la montaña Jebel Taskra, ofreciendo paredes orientadas principalmente al norte y este, que se mantienen frescas durante las épocas más calurosas. Aquí solo hay abiertas unas cuantas paredes, quedando aún bastante potencial, lo que le da un aire de aventura. Especialmente recomendables son las vías de Asseldrar, Tifghelt e Imrir. Esta zona se encuentra en la parte norte del Anti-Atlas, a aproximadamente una hora en coche desde Tafraoute.

La vertiente norte de Jebel el Kest: incluye los valles de Samazar y Afantinzar, y ofrece

FOTOS: CHRISTIAN RAVIER

algunas de las mejores paredes de la región, recomendables para escalar entre octubre y abril. Se accede desde Tafraoute o desde la fortaleza Kasbah Tizourgane. Presenta variedad de vías, desde aventuras de todo el día en paredes como Aylim (*The Great Rock*) hasta deportiva cerca de la carretera o rutas de varios largos.

La vertiente sur de Jebel el Kest: aquí se encuentra el imponente Valle de Ameln, justo debajo de Tafraoute. El cañón, que va desde Anergui hasta el paso de Tarakatine, alberga cientos de rutas de escalada, incluyendo la impresionante White Tower en Tifghalt y la famosa Tizgut Crack. Aquí se sitúa el origen de la escalada tradi-

cional en Tafraout. La mayoría de las paredes miran al sur, por lo que es una buena opción para los periodos de clima fresco.

Bolos de granito de Tafraout: Los bolos de granito alrededor de Tafraout y Aguerd Oudad fueron durante muchos años lo más famoso de la escalada en la región. Aunque el auge de la escalada aventura en Jebel el Kest y los rumores sobre la mala calidad de la roca redujeron su popularidad, estas rocas, con sus formas peculiares, siguen ofreciendo excelentes rutas, tanto tradicionales como deportivas. Aunque en algunas zonas el granito es frágil y quebradizo, sigue siendo un lugar ideal para hacer búlder por las tardes o noches.

Steve Broadbent, autor de las guías de referencia y desarrollador de la zona, en *Tequila Sunrise* (F6a+), en Tagtout Crag, un sector deportivo a 5 min. del pueblo.

TAFRAOUT

MÁS DE 2000 VÍAS VARIADAS

Cómo llegar

Se puede ir hasta Tafraout en coche desde España, cruzando en ferry y conduciendo hasta Marrakech, Agadir, Aitbaha y por fin el pueblo de Tafraout. Son unas 12 horas de coche, que será conveniente hacer en varias etapas.

Para ir en avión, el aeropuerto más cercano es Agadir, a 130 km de Tafraout. Desde aquí parten autobuses, se puede ir en taxi o alquilar un coche.

Escalada

Lo que abundan son las vías al más puro estilo de aventura, para escalar en autoprotección, con aproximaciones desde solo 10 minutos a varias horas. Paredes como Afantinzar, Samazar y Anergui contienen aventuras en las que fácilmente podemos pasar todo el día, pero también hay numerosos sectores de escalada de un solo largo, en zonas como Anammer, Robin Hood Rocks, Tagzene Gorge o Tizi G'zaouine. Igualmente econtraremos una amplia oferta de vías limpias de 2 o 3 largos, en escenarios como Ksar Rock, Adrar Umlil, entre otras.

En cuanto al grado, aunque se solía decir que el Anti-Atlas no era un lugar para principiantes, esto ha dejado de ser cierto. Actualmente lo que abundan son las vías asequibles, aunque hay variedad de grados. Incluso visitas de escaladores de primer nivel, como James Pearson o Johnny Dawes, han dejado retos de escalada tradicional en la escalada más alta de la cotación E británica, que valora la exposición. Y claramente hay potencial para mucho más.

En cuanto a la deportiva, quizá no es el lugar para ir si eres un fanático de la deportiva y los grados altos, pero sin duda encontrarás también retos potentes con los que medirte, especialmente en vías técnicas de granito.

Sobre la ética de la escalada, tradicionalmente las vías de cuarcita se escalan en autoprotección, reservando las chapas para el granito compacto en el que no se pueden emplazar seguros flotantes.

Material necesario

Para las vías limpias, has de llevar material de autoprotección, especialmente friends de tamaños grandes, pues abundan las fisuras anchas. Con doble cuerda de 60 metros irás bien en todas las vías de escalada tradicional. Lleva también bastantes cintas planas o cordinos, es posible que encuentres alguna en mal estado en las reuniones, que necesiten ser reemplazadas. No hay tiendas de escalada en la zona, así que asegúrate de llevar todo lo que necesites.

Mejor época

Se puede escalar desde el otoño a la primavera. En el verano puede llegar a hacer excesivo calor, por encima de los 40ºC. Diciembre-enero son los meses más recomendables, teniendo en cuenta que por la noche baja mucho la temperatura.

Agua, dormir y otros servicios

Como en el resto del país, lo más recomendable es beber solo agua embotellada. Es un lugar turístico, por lo que encontraremos una gran variedad de alojamientos, desde camping a gîtes, casas de huéspedes y hoteles lujosos. También la oferta de restauración es amplia y hay tiendas variadas en las que adquirir tanto comida como artesanía bereber o recuerdos.

Otras recomendaciones

Para los días de descanso, hay numerosas rutas de trekking recomendables en los alrededores, con bellos paisajes.

No olvides llevar crema solar y gorra; y ten presente que estás en un país musulmán, por lo que es conveniente llevar un atuendo adecuado. En todo caso, la vegetación en muchas aproximaciones es pinchuda, así que vendrá bien llevar manga larga y pantalones largos para protegerse.

Más información

• Guía *Tafraout Granite*. Steve Broadbent. Ed. Oxford Alpine Club. Última edición de 2024. Reúne unas 800 vías y bloques en 75 sectores, de todos los estilos de escalada.
• Guía *Morocco Anti-Atlas*. Steve Broadbent. Ed. Oxford Alpine Club. Última edición de 2024. Además de las vías y bloques de Tafraout, incluye escaladas en otras zonas cercanas como Sidi M'Zal, Jebel Taskra, Idaougnidif, Afantinzar, Samazar, Aouguenz, Tagzene, Tanalt o Tagmout...
• Guía *Climb Tafraout, 100 classic climbs*. S. Broadbent. Ed. Oxford Alpine Club, 2018.

En *www.climb-tafraout.com* se pueden comprar todas estas guías, además de otros libros y mapas. Tienen mucha información sobre la logística del viaje (alojamientos, restaurantes, servicio de guiaje o taxi...), además de sobre la escalada. Y ofrecen la descarga gratuita de los croquis de algunos sectores.

También desde aquí gestionan la fundación *Anti-Atlas Anchor Fund*, que se dedica al mantenimiento, equipamiento y reequipamiento de las distintas zonas de escalada. Parte de los beneficios de la venta de las guías van a esta fundación, y también puedes contribuir con donaciones en la web.

Actualizaciones y nuevas vías en su página de Facebook: *ClimbTafraout*.

Redacción DESNIVEL

FOTOS: PAKO CRESTAS

ALPINISMO INVERNAL EN EL
TOUBKAL
EL TECHO DEL NORTE DE ÁFRICA

Aunque es más conocida por los amantes del trekking, pues subir a su cumbre es bastante accesible, la montaña más alta del Atlas, con 4167 metros de altitud, ofrece también muchas y variadas posibilidades para el alpinismo técnico y de calidad.

E L Toubkal, con sus 4167 m, es la cumbre más alta de la extensa cordillera del Atlas y a su vez el techo del norte de África. Es el más alto de los 15 cuatro miles de la cordillera (le siguen picos como el Timesguida, con 4089 m, y el Ras, con 4083 m, ambos en el mismo macizo del Toubkal). Es además el cuatro mil más ascendido del mundo, por razones como

A la izquierda, en el corredor NO del Toubkal, con el Tihnerine al fondo (en la cual hay un motor de un avión siniestrado). Arriba, en el corredor Bufaelvent, *una de las evidentes canales que lleva a la cima del Toubkal Oeste.*

su facilidad técnica, su accesibilidad (la base está a solo una hora de la bulliciosa y eterna ciudad de Marrakech) y la carencia de peligros que acostumbran a tener otras montañas de cuatro mil metros, como las de los Alpes, pues aquí no hay cornisas, ni glaciares y raramente veréis un pequeño alud en invierno. No obstante, paralelamente al turismo de masas que ha convertido al Toubkal en un verdadero *instagramer*, esta montaña continúa siendo, a fecha de hoy, una gran desconocida para el alpinismo técnico de dificultad… y no por falta de posibilidades, ya que las posibles nuevas líneas a explorar son muchas y variadas.

Peculiaridades del "alpinismo bereber"

El que yo denomino "alpinismo bereber" tiene sus propias peculiaridades. Para empezar, estamos hablando de un terreno de compromiso; aquí no hay helicópteros que nos vengan a buscar porque nos hemos extraviado buscando setas, como pasa en España. Las posibilidades son muchas, pero aún son pocas, en comparación, las líneas descubiertas. Las nevadas acostumbran a ser tardías y la estación va de mediados de diciembre a finales de abril. No hay glaciares, ni grietas y la mayoría de los descensos son simples y fáciles lomas, lo que se agradece.

Arriba, en la parte alta de la ruta *Atardecer bereber*, con 1800 m de recorrido y más de 1000 m de desnivel, en Sidi Chamarrouch. Abajo, en la *Cascada del bloque empotrado* (o *Chockstone Gully*), el cual dejó de estar en este lugar tras el terremoto sufrido en septiembre de 2023.

Las distancias son largas y diversas vertientes de otras montañas que no son el propio Toubkal llegan a superar los mil metros de desnivel, lo que ya les confiere carácter de grandes empresas. La soledad, fuera del masificado Toubkal por sus valles de Ikhibi, está garantizada. La nieve acostumbra a transformarse y a presentar muy buenas condiciones. El hielo de las cascadas casi se puede dar por garantizado al 100%. La roca, en general, va de penosa a calamitosa, y ni en los refugios ni en el pueblo de Imlil hay la posibilidad de tomarse una cerveza para celebrar las buenas escaladas.

Centrándonos en las posibilidades de diferentes ascensos para el Toubkal, os diré que tiene 5 rutas normales, siendo la más frecuentada la de Ikhibi sur, por la que suben el 99% de la gente que asciende la cumbre. También tiene 5 crestas raramente escaladas, una de ellas, la integral de Tirhaltine, fue recorrida por primera vez este pasado invierno en una larga escalada que requirió 3 vivacs.

Pero sin duda el gran interés de la cumbre para los amantes del alpinismo, son sus posibilidades en escalada de nieve, hielo y mixto. Debo deciros que, gracias a mis frecuentes visitas a la zona a raíz de que creé mi propia agencia de viajes hace ya unos 10 años, creo poder presumir de ser la persona que por más sitios diferentes ha subido y bajado el Toubkal, en concreto ya he realizado 20 líneas diferentes, de las cuales 5 son primeras ascensiones.

A continuación detallo algunas de las opciones de corredores de nieve y mixto que hay en el macizo, solo a modo de muestra de sus muchas posibilidades. En esta selección se ha dado prioridad a las aperturas más recientes y en lugares no tan transitados.

CARA OESTE DEL TOUBKAL

La cabecera del concurrido valle de Ikhibi Sur, por donde discurre la vía normal del Toubkal, presenta un pequeño circo que en invierno ofrece diferentes alternativas para la escalada en nieve y mixto. Cuenta con al menos siete corredores de calidad, que se encuentran en un circo que está justo por debajo del mismo Toubkal.

Aproximación: Por el valle de Ikhibi Sur, antes de llegar al collado vemos de manera evidente el acceso al circo que queda a nuestra izquierda. Calcular 1 h 40 min.

Descenso: Por la vía normal del Toubkal hasta el refugio. 1,15 h a 1,30 de descenso. Casi siempre bien marcado y super evidente.

1. GOULOTTE PETITA ASHA

1ª ascensión: Ismael Antequera, Carlos Enrique López y Pako Crestas en febrero del 2018.
Dificultad: Media de 45º-50º. Máxima de 65º y M4.
Desnivel:150 m de corredor, 300 m la vertiente contando las rampas de entrada y salida.
Material: 5 friends variados, tascones. 1 universal.

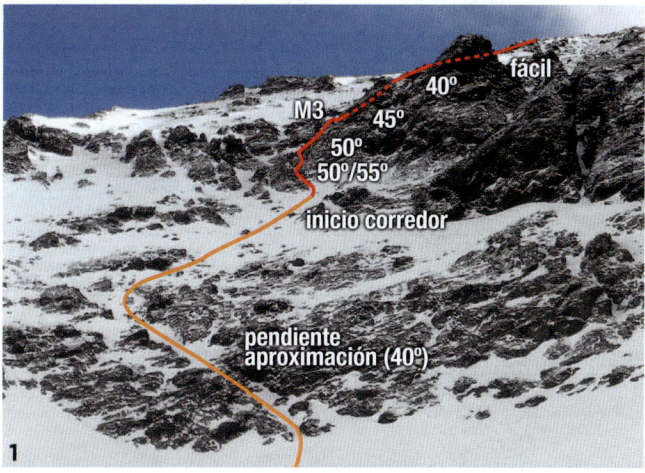

Itinerario: Estrecha goulotte situada justo al margen izquierdo de la barrera rocosa principal, a tocar de las canales fáciles del margen de la pared. Primer largo de goulotte y el segundo mixto de M3 corto y fácil de proteger. Salida por campas.

TOUBKAL OESTE

La cima del Toubkal Oeste, entrando por el valle de Ikhibi Sur, combina las orientaciones Norte y Oeste (con distintas aproximaciones, que describimos en las respectivas vías) y sus corredores suelen encontrarse fácilmente en buenas condiciones.

2. CANAL BUFAELVENT

Orientación: Norte

Primera ascensión: Antoni García, Javi Moreno y Pako Crestas en marzo del 2022.

Dificultad: 350 m de desnivel. Máximo de 60 M y M3

Material: Nosotros nos encordamos en un largo, justo al salir a la arista. Llevar friends variados y cinta o aro para rocas.

Aproximación: Desde la zona de refugios del Toubkal subimos por el circo de Ikhibi sur, ruta normal del Toubkal, hasta situarnos en el segundo circo. La canal es evidente y bien visible a nuestra derecha. Calcular 1 h 30 minutos de marcha de aproximación.

Descenso: Por la vía normal de Toubkal Oeste, fácil y evidente. Si tenemos ganas de caminar, podemos enlazar el descenso al collado con la subida final del Toubkal.

3. VÍA JORDI VILAMAYOR FANATIK

Orientación: Oeste.

Primera ascensión: Cesc Canyameres, Nacho Couñago y Pako Crestas en febrero de 2023.

Dificultad / datos técnicos: 250 m de desnivel. Media de 45º a 50º. Máximo 60 m – M3.

Material útil: 2 pitones universales y juego de friends. Algún aro para bloques.

Aproximación: Desde el refugio Toubkal subimos por la vía normal hasta el circo superior de Ikhibi Sur, justo la pared queda en el margen derecho. Visible y evidente. Contar unas 2 h a 2:30 h de aproximación.

Descenso: Por la ruta normal común con la vía normal del Toubkal por el valle de Ikhibi Sur. Calcular poco menos de 2 h para el descenso.

CORREDORES DEL CIRCO DE IKHIBI NORTE

Esta vertiente ya es mucho menos frecuentada, aunque no es difícil que encontremos más gente, sobre todo los montañeros que realizan la travesía del Toubkal de los valles Ikhibi Sur (subida) e Ikhibi Norte (bajada) para poder visitar los famosos restos del accidente de avión de la cumbre del Tigherine, en la cual se localiza uno de los motores del avión siniestrado.

4. CORREDOR NAVARRO CRESTAS, AL ADRAR TOUBKAL (4167 m)

Orientación: N.O.

Primera ascensión: Richi Navarro y Pako Crestas en febrero de 2024.

Dificultad / datos técnicos: 250 m de desnivel. Media de 50º. Máximo 55º, M2 y Vº.

Material: Friends variados, 3 aros de cinta plana y 5 bagas largas.

Aproximación: Desde el refugio de Toubkal tomar el valle de Ikhibi norte hasta situarnos en el circo de Gui Imlil al Toubkal un poco por debajo de la gran pared rocosa de la vertiente N.O. del Toubkal. Evidente. Contar unas 2 h 30 min de aproximación, dependiendo del estado de la nieve.

Descenso: Por la ruta normal del Toubkal al refugio, valle de Ikhibi sur. Entre 1h 30 min a 2 horas para el descenso.

5. CORREDOR UN MOMENT SIUSPLAU

Orientación: N.O.

Primera ascensión: Jordi Tudela y Diego Mógica en febrero de 2024.

Dificultad / datos técnicos: 250 m de desnivel. Media de 50º/55º. Máximo 70º y IVº.

Material: Friends variados, 3 aros de cinta plana y 6 bagas express largas y 2 pitones.

Aproximación: idéntica a la del corredor anterior (Navarro Crestas).

Descenso: Por la ruta normal del Toubkal al refugio, valle de Ikhibi sur. Entre 1h 30 min a 2 horas para el descenso.

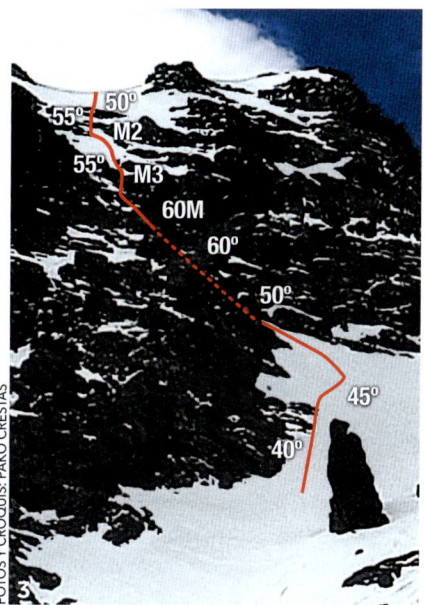

FOTOS Y CROQUIS: PAKO CRESTAS

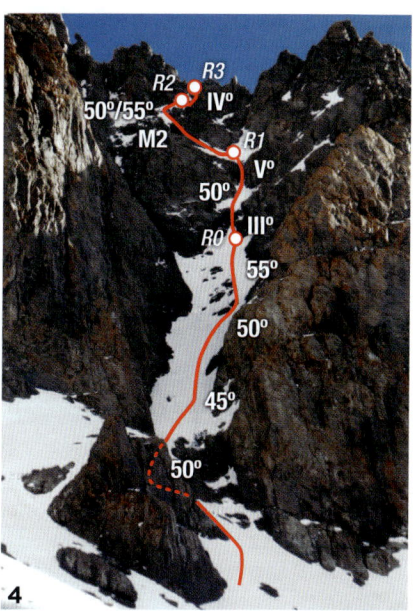

5

6

FOTOS Y CROQUIS: PAKO CRESTAS

Arriba, en la salida directa de la cara NE del Toubkal, entrando por el valle Tidsaldaï, un terreno donde podremos experimentar el lado más salvaje y desconocido de la cordillera.

6. CORREDOR N.O.

Orientación: N.N.O.

Primera ascensión: sin datos

Dificultad / datos técnicos: 250 m de desnivel. Máximo 50º.

Material útil: Personal básico.

Aproximación: Desde los refugios de Toubkal subimos por el evidente valle de Ikhibi N. El corredor está situado en el margen izquierdo de la llamativa pared de roca que se desprende del Toubkal. En un principio no es visible hasta que nos situamos cerca del inicio del corredor. Una vez que lo divisamos es muy evidente. Calcular 2 h 30 min de marcha de aproximación.

Descenso: Por la concurrida y evidente ruta normal del Toubkal por el valle de Ikhibi sur. Calcular 2 h para el descenso.

Las propuestas aquí reseñadas son solo una pequeña representación de las muchas posibilidades para el alpinismo que ofrece el macizo. Los hay desde más concurridos los corredores solitarios que encontramos por ejemplo en la cabecera de Tissaldaï, donde podremos vivir un Toubkal alejado de las muchedumbres, salvaje, eso sí con aproximaciones exigentes. Solo para auténticos alpinistas bereberes.

También encontramos muchas cascadas para escalar en hielo, especialmente en los alrededores del refugio, como la del contrafuerte naranja del Tadafat, donde destaca una encajonada goulotte de hielo; o las cortas y fáciles cascadas del contrafuerte inferior de Ikhibi Sur, que se forman durante las épocas más frías del año. Quien acuda al Toubkal con ganas de hacer actividad de alpinismo, sin duda encontrará múltiples opciones para saciar aquí su sed.

Pako CRESTAS

PAKO CRESTAS

Webs: www.catalonia-trekking.com y www.atlastoubkalblog.com
Cada mes de febrero organizamos un stage de "alpinismo bereber". Contactad para más detalles.
Mail: pakocrestas@gmail.com y WhatsApp +34 615626813

unkai

Altas prestaciones y
extremadamente versátil.

Fabricado sin materiales
de origen animal.

Nueva generación de
microfibra OnMicro©.

🌿 **vegan**

GARRA
by Mountain Art

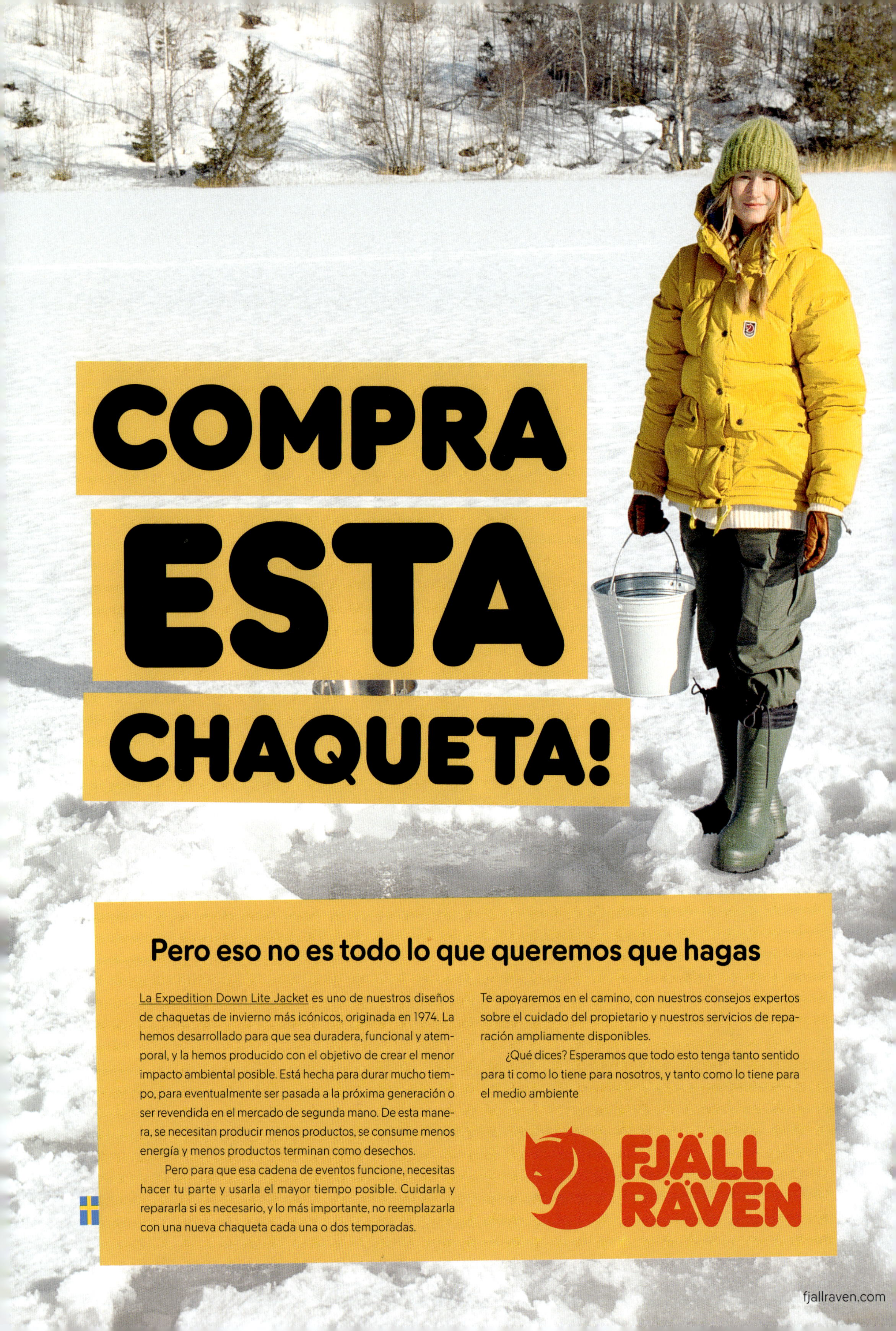

COMPRA ESTA CHAQUETA!

Pero eso no es todo lo que queremos que hagas

La Expedition Down Lite Jacket es uno de nuestros diseños de chaquetas de invierno más icónicos, originada en 1974. La hemos desarrollado para que sea duradera, funcional y atemporal, y la hemos producido con el objetivo de crear el menor impacto ambiental posible. Está hecha para durar mucho tiempo, para eventualmente ser pasada a la próxima generación o ser revendida en el mercado de segunda mano. De esta manera, se necesitan producir menos productos, se consume menos energía y menos productos terminan como desechos.

Pero para que esa cadena de eventos funcione, necesitas hacer tu parte y usarla el mayor tiempo posible. Cuidarla y repararla si es necesario, y lo más importante, no reemplazarla con una nueva chaqueta cada una o dos temporadas.

Te apoyaremos en el camino, con nuestros consejos expertos sobre el cuidado del propietario y nuestros servicios de reparación ampliamente disponibles.

¿Qué dices? Esperamos que todo esto tenga tanto sentido para ti como lo tiene para nosotros, y tanto como lo tiene para el medio ambiente

Desnivel

REVISTA DE MONTAÑA

N.º 437 • 9,90 €

ESPECIAL MATERIAL
TEMPORADA 2024/2025

30 ANIVERSARIO

LA GUÍA DEFINITIVA PARA LA MONTAÑA

400
PRODUCTOS

Vestimenta, calzado, mochilas, escalada, trail running, acampada...

www.desnivel.com

43 TEST de material sobre terreno
9 ARTÍCULOS PRÁCTICOS

00437